新时代智库出版的领跑者

国家智库报告　社会政法·2025

08

National
Think Tank

全球智库评价研究报告
（2023）

Global
Think Tank
Evaluation
Research Report
（2023）

荆林波　主编
胡薇　副主编

中国社会科学出版社

图书在版编目（CIP）数据

全球智库评价研究报告. 2023 / 荆林波主编. --
北京：中国社会科学出版社，2025. 5. -- （国家智库报
告）. -- ISBN 978-7-5227-4830-6

Ⅰ. C932.81

中国国家版本馆 CIP 数据核字第 2025PE6230 号

出 版 人	赵剑英
责任编辑	周　佳　曲　迪
责任校对	李　莉
责任印制	李寡寡

出　　版	中国社会科学出版社
社　　址	北京鼓楼西大街甲 158 号
邮　　编	100720
网　　址	http://www.csspw.cn
发 行 部	010-84083685
门 市 部	010-84029450
经　　销	新华书店及其他书店
印刷装订	北京君升印刷有限公司
版　　次	2025 年 5 月第 1 版
印　　次	2025 年 5 月第 1 次印刷
开　　本	787×1092　1/16
印　　张	11.25
插　　页	2
字　　数	145 千字
定　　价	59.00 元

凡购买中国社会科学出版社图书，如有质量问题请与本社营销中心联系调换
电话：010-84083683
版权所有　侵权必究

序

中国社会科学评价研究院的前身是 2013 年成立的中国社会科学院中国社会科学评价中心。一开始，我们按照上级要求，致力于全球智库的评价，课题组从 1781 家来源智库中挑选出 359 家最具影响力的智库进行评价。我们在智库评价领域的第一个代表性成果是《全球智库评价报告（2015）》。此后，我们在 2016 年开启了中国智库评价工作。我们以四年为一个周期进行全球智库评价和中国智库评价工作。现在呈现在各位面前的是我们新一轮的全球智库评价报告。

经过十余年的探索，我们认为开展全球智库评价面临如下实际困难。

第一，全球智库的数据获取问题。这里一方面涉及语言问题，另一方面涉及智库成果的涉密问题。智库的学术成果，有英文发表的，相对比较容易获取。但是，智库的咨政建言的研究成果没有对外发布，尤其是涉及国家战略性问题研究，往往无法对外展示。因此，作为致力于全球智库评价的机构，我们选择一些语种进行挖掘，同时采取定性评价方法，利用专业评价进行补充。

第二，全球智库的分类问题。全球智库的发展存在较大的差异，不同国家之间，智库体量不同；同一国家内部，智库的差异也非常大。所以，我们进行评价时需要采取分类评价的方法。而如何对全球智库进行分类成为一个必须攻克的难题。本书选取了三个领域的全球智库开展评价研究，是我们对分类评价的一个探索。

第三，全球智库的需求与供给问题。近十年来，全球各领域经历了诸多变化，对全球智库的需求日益增多。比如，全球化与逆全球化问题，如何整合全球供应链防止断链；经济发展与碳排放的平衡问题，以及全球气候变化带来的温室效应问题；地缘政治的演变，俄乌冲突、巴以冲突引发了一系列军事问题；人工智能的快速迭代带来了众多不可预知的社会问题。要满足这些需求，需要全球智库提升自己的供给能力，遵循智库综合评价 AMI 指标体系，练好内功——增强吸引力、提高管理力、扩大影响力。本书将在最后一部分详细分析。

第四，全球智库的评价与促建问题。如何做到"以评促建"？目前看来，我们的全球智库评价需要在"促建"方面发力。所以，本书的出版不是我们全球智库评价工作的结束，而是我们全球智库"促建"工作的开始，我们希望更多的全球智库关注我们的研究成果，从我们的评价工作中汲取经验，特别是反哺中国智库的建设。三年的全球疫情严重影响了中国智库的对外交往，尤其是国际上对我国的不友好行为严重地毁害了我国智库的声誉。为此，中国智库必须加大"走出去"的力度，加强与国际同行的交流，传播正能量。

第五，全球智库的评价方法。目前，对于如何进行全球智库评价，缺乏一个公认的评价标准。尽管我们有了一个智库评价的国家标准，但是，要赢得全球智库的认可，仍然需要不懈努力。

中国社会科学评价研究院主导的首个智库评价国家标准

《人文社会科学智库评价指标体系》（GB/T 40106—2021）历经预研、立项、起草、专家研讨、征求意见、审查、批准等阶段，于2021年5月21日发布，并于2021年12月1日正式实施。下一步，我们将在AMI综合评价基础上，加强与全球智库同行的合作，构建全球智库评价的专家库，探索通过定性评价与定量评价相结合的综合评价方法，在2026年的全球智库评价中推出新的排行榜。当然，我们的排行榜并不是为了排行而排行，而是要从构建全球智库核心竞争力的视角，探讨智库提升影响力的发展路径，破解"有库无智"的困境。

作为有组织科研、院内外合作的集体成果，本书由我做主编，负责框架设计和最终修订；胡薇主任做副主编，负责统筹执行并参与完成第一部分"研究溯源"、第二部分"项目概述"和第六部分"总结与建议"的部分撰写工作，以及全书的编辑审校工作。宋亦明负责撰写第三部分"能源智库"，刘晓玉负责撰写第四部分"环境智库"，陆屹洲负责撰写第五部分"文化智库"，此外三人也参与撰写了第六部分"总结与建议"中各领域的相应内容。杜宏巍负责撰写第一部分"研究溯源"中智库评价的理论背景和智库评价的要素；陈岚、李意、周瑾艳负责撰写"研究溯源"中部分国别智库内容；王彦超参与完成了第二部分"项目概述"的部分撰写工作以及数据支持。陆屹洲、王彦超、向昉、牛鸣灏在全书编辑审校方面作出了重要贡献。本书是课题组全体成员精诚合作的智慧成果，不再一一赘述。此外，还有很多院内外专家参与了第三轮全球智库评价研究项目的评审与学术交流，为本书的成稿提供了重要的专业指导，在此一并致谢！

最后，我想强调一点，全球智库评价在中国乃至全球都是一个相对偏弱的领域。目前，承担智库评价的课题组成员是中国社会科学评价研究院机构与智库评价研究室的人员，他们年富力强、敬业奉献，但是，毕竟这只是第一个十年的探索与积累，仍然需要全社会各方面的关注与支持。我相信，下一个十年，中国社会科学评价研究院的智库评价项目会再上一个台阶！

荆林波

2024 年 8 月

摘要：《全球智库评价研究报告（2023）》是中国社会科学评价研究院在全球发展倡议、全球安全倡议、全球文明倡议的时代背景下，坚持"以评促建、以评促改"的宗旨和"公平、公正、公开"的原则，推进第三轮全球智库评价研究项目，总结提炼全球智库多样化发展模式，为中国特色新型智库持续高质量发展建言献策的最新成果。

本书回顾和总结了全球范围内智库与智库评价的理论与实践，通过研究溯源夯实了此轮全球智库评价研究的理论基础，同时也首创性地阐释了推动智库评价体系化建设的重要意义。

本书系统介绍了课题组在梳理更新全球智库数据库和全球智库专家库、修改完善"全球智库综合评价AMI指标体系（2023）"、选定具体评价研究领域、开展前期资料研究与调研座谈、组织多层级分步骤评价遴选等方面的研究过程。特别地，本书阐释了能源、环境、文化三个领域之于全球、之于时代、之于中国的重要意义及相关智库资料可采可比的客观条件。

本书推出了包含34家机构的"需要关注的能源智库"名单、包含48家机构的"需要关注的环境智库"名单和包含21家机构的"需要关注的文化智库"名单。在此基础之上，本书还深入研究分析了"需要关注的能源/环境/文化智库"中的典型案例、共性规律和特色亮点，着重探讨了智库参与全球能源/环境/文化治理的问题与路径。

本书最后基于AMI智库评价模型的基本原理，借助环环相扣的"全球智库综合评价AMI指标体系"，系统探寻了全球智库的发展经验，进而总结了对中国特色新型智库建设的对策建议。本书强调，智库是一个充满生命力的有机体。在智库评价中，要统筹智库的发展要素与各项功能，"AMI指标体系"能从多维度切入智库运行的各个环节，从宏观、中观和微观不同层面对智库的内在机制与运行方式、工作特点与发展规律等展开分析与研究。

关键词：智库评价；全球智库；能源智库；环境智库；文化智库

Abstract: *Global Think Tank Evaluation Research Report (2023)* is the latest achievement by the Chinese Academy of Social Sciences Evaluation Studies (CASSES), conducted against the backdrop of the Global Development Initiative, the Global Security Initiative, and the Global Civilization Initiative. The book adheres to the principle of "promoting construction and improvement through evaluation," and is committed to fairness, justice, and transparency in advancing the third round of the Global Think Tank Evaluation Research Project. It summarizes and refines the diverse development models of global think tanks, offering insights and suggestions for the sustainable and high-quality development of New-Type Think Tanks with Chinese Characteristics. This book reviews and summarizes the theory and practice of think tanks and their evaluation on a global scale. Tracing the origins of think tank evaluation solidifies the theoretical foundation for this global think tank evaluation research round. Additionally, it pioneeringly elucidates the significant importance of promoting the systematic construction of think tank evaluation. The book details the research process of the project team, including the collation and updating of the database of global think tanks and experts, the revision and improvement of the "Comprehensive Evaluation AMI Index System on Global Think Tanks (2023)", the selection of specific research areas, the conduct of preliminary research and surveys, and the organization of multi-level, step-by-step evaluation and selection. Particularly, the book expounds on the importance of the energy, environment, and culture sectors to the globe, the era, and China, as well as the objective conditions for the availability and comparability of relevant think tank data. The book introduces lists of

"Energy Think Tanks to Watch," comprising 34 institutions, "Environmental Think Tanks to Watch," comprising 48 institutions, and "Cultural Think Tanks to Watch," comprising 21 institutions. Building on this foundation, the book delves into the typical cases, common patterns, and distinctive features of the "Energy/Environmental/Cultural Think Tanks to Watch," with a focus on discussing the issues and pathways of think tank participation in global energy, environmental, and cultural governance. Concluding the book, based on the fundamental principles of the AMI think tank evaluation model and leveraging the interlocking "Comprehensive Evaluation AMI Index System on Global Think Tanks", a systematic exploration of the development experiences of global think tanks is conducted. The book then summarizes countermeasures and suggestions for constructing New-Type Think Tanks with Chinese Characteristics. It emphasizes that think tanks are vibrant organisms. In think tank evaluation, it is essential to coordinate the development factors and functions of think tanks. The "AMI Index System" can penetrate various aspects of think tank operations, conducting multi-level analysis and research on the internal mechanisms and operational methods, working characteristics, and development patterns of think tanks from macro, meso, and micro perspectives.

Key Words: Evaluation of Think Tanks; Global Think Tanks; Energy Think Tanks; Environmental Think Tanks; Cultural Think Tanks

目 录

一 研究溯源 …………………………………………（1）
　（一）智库与智库评价的理论 ……………………（1）
　（二）国内外智库发展历程 ………………………（17）
　（三）国内外智库评价实践 ………………………（47）

二 项目概述 …………………………………………（54）
　（一）项目执行 ……………………………………（54）
　（二）探索创新 ……………………………………（63）

三 能源智库 …………………………………………（64）
　（一）全球能源治理的意义 ………………………（65）
　（二）智库如何参与全球能源治理 ………………（69）
　（三）需要关注的能源智库 ………………………（72）
　（四）结论与启示 …………………………………（87）

四 环境智库 …………………………………………（91）
　（一）全球环境治理的意义 ………………………（91）
　（二）智库如何参与全球环境治理 ………………（94）
　（三）需要关注的环境智库 ………………………（96）

（四）结论与启示 …………………………………… (117)

五　文化智库 ………………………………………… (119)
　　（一）全球文化治理的意义 ………………………… (119)
　　（二）智库如何参与全球文化治理 ………………… (126)
　　（三）需要关注的文化智库 ………………………… (129)
　　（四）结论与启示 …………………………………… (145)

六　总结与建议 ……………………………………… (147)
　　（一）AMI 评价模型的基本原理 …………………… (148)
　　（二）基于 AMI 评价模型的全球智库发展经验探寻 …… (150)
　　（三）对中国特色新型智库建设的对策建议 ………… (164)

一 研究溯源

"智库"（think tank）是一个外来名词，但传入中国后很快为各行各业的受众所熟知。不难发现，"智库"一词频繁地出现于各类政策文件、学术论文、新闻报道乃至社交媒体的信息内容中，相关事件也常常引发公共舆论的关注和热议。然而，大量的国内外文献都只关注某些智库在某些方面的某些问题，很少有对于智库作为全球性新兴现象的系统性论述，相关的学术史梳理也较为罕见。

研究的碎片化无疑会加剧对话的困难性，甚至不同语境下的"智库"一词很可能指涉不同的对象。一些学者或许会对此习以为常，毕竟智库研究和智库建设一样，都需要在大量的试错中曲折前进。然而，明确的评价对象是所有评价活动都不可或缺的要素。基于此，在对全球智库开展具体的评价研究之前，我们有必要回顾和梳理相关的概念、历史、理论和实践，在吸收和整合前人智慧的基础上，进一步明确本书的问题意识和研究对象。

（一）智库与智库评价的理论

1. 智库的概念

一般认为，"智库"最早源于第二次世界大战时期的美军军事术语,即战时讨论战略战术的安宁环境。① 第二次世界大战结束后,"智库"一词的应用场景逐渐从军事领域拓展到政治与公共政策领域。② 放眼全球,各国智库扎根于不同的社会经济文化基础,遵循着不同的历史发展轨迹,表现出不可忽视的差异性与多样性。因此,不同时空中的不同学者对于"智库"的定义也有所不同。

李国强认为,"为公共政策决策咨询服务的智库,是公共政策研究机构,是决策体制的外脑,是现代公共决策的重要环节和组成部分,为公共决策提供思想和行动方案,是国家软实力的重要组成部分,影响政府政策的制定,评估政府运作效率,传播社会知识,引导公众舆论和社会走向,在现代国家决策中发挥着强大作用"。③

朱旭峰认为,"智库是一种相对稳定的从事政策研究和咨询的实体机构"。④

王莉丽认为,"智库是指诞生在特定的政治、经济、文化土壤中,服务于国家利益和公共利益,以影响公共政策和舆论为目的的非营利性政策研究机构"。⑤

柏必成认为,"智库是从事政策研究与政策参与活动的知识密集型组织,作为政府的'外脑'存在,具有正式性与稳定性,

---

① 薛澜、朱旭峰:《"中国思想库":涵义、分类与研究展望》,《科学学研究》2006年第3期。
② 司学敏:《"结构—功能"框架下的智库研究综述》,《决策科学》2023年第1期。
③ 李国强:《对"加强中国特色新型智库建设"的认识和探索》,《中国行政管理》2014年第5期。
④ 朱旭峰:《改革开放与当代中国智库》,中国人民大学出版社2018年版,第8页。
⑤ 王莉丽:《智库公共外交:概念、功能、机制与模式》,《中国人民大学学报》2019年第2期。

以影响政策过程和服务公共利益为目的"。①

美国学者詹姆斯·麦甘（James G. McGann）认为，智库是进行政策研究、分析内政外交事务从而促使决策者和公众对公共政策进行明智选择的政策分析和参与机构。②

挪威学者西格德·艾伦（Sigurd Allern）和瑞典学者艾斯特·波拉克（Ester Pollack）认为，智库是有别于传统民主组织并满足一定条件的"半组织"（partial organization），这些条件包括非营利性、独立性、学术性、公众性、传播性、组织性等。③

加拿大学者弗朗索瓦·克拉沃（François Claveau）和安德列·维莱特（Andréanne Veillette）认为，智库是一类独立的、非营利性的组织，其主要功能是生产和传播对公共政策的研究分析。④

澳大利亚学者娜雷尔·米拉格尔（Narelle Miragliotta）认为，智库是一类连接政府与公众、进行研究、影响政策辩论和结果、形成议题网络、促进思想与教育流动的组织。虽然其中很多功能与政党相似，但智库并不追求正式的立法与行政权力。⑤

---

① 柏必成：《政策过程中的中国智库》，中国社会科学出版社 2022 年版，第 3 页。

② James G. McGann, 2020 *Global Go to Think Tank Index Report*, Think Tanks & Civil Societies Program, The Lauder Institute, The University of Pennsylvania, 2021, p. 13.

③ Sigurd Allern and Ester Pollack, "The Role of Think Tanks in the Swedish Political Landscape", *Scandinavian Political Studies*, Vol. 43, No. 3, 2020, pp. 145-169.

④ François Claveau and Andréanne Veillette, "Appraising the Epistemic Performance of Social Systems: The Case of Think Tank Evaluations", *Episteme*, Vol. 19, No. 2, 2020, pp. 159-177.

⑤ Narelle Miragliotta, "Party Think Tanks as Adaptation to the Challenge of Party Linkage Lessons from Australia", *Politics*, Vol. 41, No. 2, 2021, pp. 240-256.

波兰学者卡塔日娜·耶济耶日卡（Katarzyna Jezierska）认为，智库是进行社会分析并向决策者和广大公众提供政策建议的一类特殊的公民社会组织。①

俄罗斯学者德米特里·亚历山大·科切古罗夫（Dmitrii Aleksandrovich Kochegurov）认为，（美国的）智库是致力于识别和解决内政外交中客观问题的独立非党派组织。②

乌克兰学者奥列克桑德拉·库德尔（Oleksandra Keudel）和奥莱娜·卡布（Olena Carbou）认为，智库是从事政策研究并努力用其影响政策进程的组织。③

巴西学者朱莉安娜·克里斯蒂娜·罗莎·豪克（Juliana Cristina Rosa Hauck）认为，智库是对公共政策进行研究并致力于通过传播自身思想来影响政策形成的组织。④

可见，不同国家、不同领域的学者对于智库研究政策、影响政策的核心功能分歧较小，但对于智库的组织性质争议较大。一些学者较为强调智库的"独立性"与"非营利性"。而另一些学者则认为没有任何智库能实现理想中的"独立性"与"非

---

① Katarzyna Jezierska, "Coming out of the Liberal Closet. Think Tanks and De-Democratization in Poland", *Democratization*, Vol. 30, No. 2, 2022, pp. 259–277.

② Dmitrii Aleksandrovich Kochegurov, "Formation of an Anti-Chinese Consensus among Us 'Think Tanks': From D. Trump to J. Biden", *Herald of the Russian Academy of Sciences*, Vol. 92, No. SUPPL 7, 2022, pp. S601–S611.

③ Oleksandra Keudel and Olena Carbou, "Think Tanks in a Limited Access Order: The Case of Ukraine", *East European Politics and Societies*, Vol. 35, No. 3, 2021, pp. 790–811.

④ Juliana Cristina Rosa Hauck, "What Are 'Think Tanks'? Revisiting the Dilemma of the Definition", *Brazilian Political Science Review*, Vol. 11, No. 2, 2017, pp. 1–30.

营利性"。

我们在《全球智库评价报告（2015）》中指出，"智库就是通过自主的知识产品对公共政策的制定产生影响的组织"。①

2. 智库评价的理论背景

开展智库评价的基础理论研究具有重要意义。基础理论研究能够为智库评价工作提供理论指导，推进智库评价的理论发展、体系优化和方法创新，促进智库评价工作的健康发展。

智库评价基础理论具备广维度、多学科的研究背景，体现了不同领域知识体系的融合与互动，为形成综合性、前沿性的智库评价基础理论体系奠定了坚实基础。

（1）智库评价的哲学背景

评价活动虽然历史悠久，但是对评价的哲学探讨则兴起于19世纪，主要表现为价值哲学领域从价值本体论的研究转向价值评价论的研究。在西方，学者对评价的哲学研究一般嵌入社会哲学、历史哲学、政治哲学的研究之中。在中国，冯平、马俊峰、陈新汉等学者从不同的立场、视角对评价本质、评价标准、评价活动、评价结果等方面开展了系列研究，深化了价值评价论的研究。

对评价的哲学研究不仅局限于价值论领域，而且评价作为一种认识价值的观念性活动，也受到认识论领域学者的关注，可以说，评价位于"认识论和价值论的交叉点上"。评价首先是对事物事实的认识，其次是基于主体需要对事物的价值关系进

---

① 荆林波等：《全球智库评价报告（2015）》，中国社会科学出版社2016年版，第4页。

行判断和选择。① "研究"以揭示事物的本来面目为目的，与之相比，"评价"还要进一步揭示事物内含的价值，评价具备合规律性与合目的性的双重特性，同时兼具工具意义与目的意义的双重意义。②

整体而言，学者关于评价的哲学研究主要围绕如下几个方面展开。

一是关于评价活动与认识论之间关系的探讨。部分学者提出：评价的本质是认识活动，认识活动的思维形式完全适用于评价活动。例如，陈新汉指出，认知活动中最基本逻辑范畴的概念、判断和推理同样可以作为评价活动的思维形式。③ 但也有学者认为评价活动与认识活动是有区别的，如何萍提出，哲学家要研究评价活动独特的思维形式，研究评价活动中各种思维形式的内在矛盾以及各种思维形式之间的转化关系，拓展评价活动的思维视野。④ 而西方分析学派直接否认评价活动属于认识论范畴，认为评价活动只是纯粹主观的情感表达，而不是认识活动，因此没有意义。综合而言，大部分学者认为评价活动与认识论有关，或者完全属于认识论范畴，这方面的研究成果丰硕，为评价活动的后续探索奠定了一定的研究基础。

二是基于价值论开展评价活动的深入研究。学者关于评价活动是否属于认识论范畴的观点并不统一，然而，与之不同，价值哲学领域的学者普遍认同评价活动属于价值论，并围绕评

---

① 杜宏巍：《底层逻辑视域下哲学社会科学学科评价革新进路研究》，《社会科学研究》2023年第2期。
② 荀振芳：《大学教学评价的价值反思》，博士学位论文，华中科技大学，2005年。
③ 陈新汉：《评价论在当代中国》，《天津社会科学》1998年第6期。
④ 何萍：《生存与评价》，东方出版社1998年版，第86—162页。

价本质、评价标准、评价活动、评价结果等方面开展了系列研究。比如，在评价本质方面，学者提出评价的内核是价值判断，评价是对价值这种主体性事实的反映。他们认为评价是在事实判断基础上的一种价值判断活动，而且这种价值评判是以评价主体的内在尺度和需要为标准和依据进行的。① 这一观点在智库评价领域也有应用，如张春花和孙玉玲提出：智库评价就是按照一定的价值标准，采用科学的方法，对智库的价值、绩效和发挥的作用作出判断。② 郭瑞和杨天通发现在我国已有的智库评价成果中，价值评价是评价参考的重要维度之一。③ 除此之外，学者在评价标准、评价活动、评价结果等方面产出了大量的研究成果，并将这一成果广泛应用于社会多个领域中。

（2）智库评价的管理学背景

管理学拥有丰富的理论，其中，目标管理理论、多元主体参与理论等为智库评价提供了重要理论支撑。

目标管理从组织管理理论中产生，由美国管理学家德鲁克于20世纪50年代提出，被称为"管理中的管理"。一方面强调完成目标，实现工作成果；另一方面重视人的作用，强调员工自主参与目标的制定、实施、控制、检查和评价。④ 目标管理以组织使命为依据确定组织总目标，进而依据总目标分解和确定不同成员的责任目标，总目标的责任目标的达成度是评价组织经营、成员贡献的重要标准。这一理论为智库评价实践活动提

---

① 孙伟平：《论价值评价的主体性与客观性》，《求索》2000年第6期。
② 张春花、孙玉玲：《国外智库影响力、透明度和绩效评价研究与实践进展》，《情报杂志》2022年第4期。
③ 郭瑞、杨天通：《我国智库评价研究：现状与未来展望》，《智库理论与实践》2022年第1期。
④ 陆雄文主编：《管理学大辞典》，上海辞书出版社2013年版。

供了重要启发，智库评价不仅应科学制定智库评价目标，还应基于目标进行评价绩效的考评与反馈。智库评价的客体和主体都可以通过目标管理，对智库评价的实际完成情况进行掌握和对比，对智库建设存在的偏差和问题进行及时的修正和处理，智库评价客体基于智库评价目标检验评价工作完成进度、完成质量，智库评价主体基于智库评价目标发现自身智库建设的问题、挑战、优势与机遇。

多元主体参与理论兴起于20世纪后半叶，到了21世纪之后，各个国家的政府都将多元主体参与作为政府治理的一个非常重要的组成部分。随着多元主体参与的实践不断开展，多元主体参与产生了两个转变：一是多元主体不仅要参与政策的制定，还要积极地介入政策的执行过程中；二是多元主体不再只是少数精英，而是所有的利益相关方。因此，多元主体的人员范围、参与内容、参与过程都得以丰富和拓展，也为多元主体参与智库评价的具体工作提供了理论基础与实践经验。通过多元主体参与智库评价，不同主体可以充分了解智库评价所面临的种种复杂性，这也就加深了对评价方案和评价过程的理解，在智库评价的具体实践过程中就会得到更多主体的认同与支持，也会更好地促进智库评价后的智库建设优化。

（3）智库评价的系统论背景

系统论为智库评价提供了开展系统性和整体性评价的理论基础，能够指导智库开展系统性评价，对智库各子系统之间的相互联系和相互作用开展评价。"系统"（system）一词来源于古希腊语，其含义是"由部分组成的整体"。理论生物学家贝塔朗菲（L. Von. Bertalanffy）于1937年提出了一般系统论原理，奠定了系统论的理论基础。系统论基于整体视角将研究对象作为一个系统整体开展研究，认为系统是由若干要素以一定结构形式联结构成的具有某种功能的有机整体。系统论的核心思想是系统的整体观念,重点探讨系统的结构、功能、绩效等内容,以推进系统达到整体最优为目标,强调用数学方法描述系统功能,致力于揭示一切事物发展的规律。

系统论三个基本原理,即整体性、动态性和层次性。其中,整体性指一切作为系统的有机体均是一个整体,且作为整体系统不是子系统的简单叠加;动态性指任何一个系统都是一个动态的系统,它与周围的环境相互影响、互促改变;层次性指各系统都是由不同要素按层次组织而成。系统论的三个基本原理普遍适用于智库评价,在智库评价的具体实践过程中,综合考虑整体性、动态性和层次性,有助于更科学地开展评价目标的制定、评价体系的建立、评价过程的实施、评价结果的使用等工作。

系统的整体性强调将智库作为一个整体来开展评价工作,整个智库系统不等于各部分之和,整个智库系统的属性、功能和行为不能归结为内含要素的属性、功能和行为的简单加和。在智库评价的具体实践中,要注重智库各子系统之间的协调一致性及统一性,深入辨识智库各子系统的功能缺失、功能冗余、功能重叠等问题。

系统的动态性强调在开展智库评价实践时,要注意智库与外部环境的互动关系。不同智库所处的外部环境不同,智库与环境的双向互动与双向影响也具有差异性。比如,在开展中国特色新型智库评价工作时,应强调中国特色新型智库需要根植于中华传统文化、紧密结合中国实际情况等评价导向。

系统的层次性强调开展智库评价实践时,应明确智库内部所包含的层次,依据系统层次分析方法,将评价指标分解为若干层次子系统,并依据不同子系统的重要程度进行赋权。基于系统的层次性对智库建设中的关键要素、主要问题、典型经验开展分层次的比较评价，层层递进式地开展智库的深层评价。

3. 智库评价的要素

（1）目的与功能

开展智库评价目的与功能的研究，有助于识别评价过程中的瓶颈制约与行动困境，有助于基于"过程+结果"的双重导向优化资源配置，有助于理解和提升智库评价工作的效率、效果与效能。

智库评价的目的是评价体系的基本出发点，决定了评价主体的确定、评价方法的选择、评价指标的设计、评价结果的运用。在具体实践中，智库评价的目的主要包括检查情况、发现问题、找出差距、确定方向、促进发展等。

基于智库评价的目的，智库评价活动具备四种主要功能：判断功能、测度功能、诊断功能、导向功能。

智库评价的判断功能主要是指价值判断，具体而言，是对智库建设中的意识形态与价值观作出评价的功效和能力。价值判断的形成在本质上是规范的自我展开，黑格尔指出：基于概念的自身活动而引起的分化作用，把自己区别为它的各个环节，这就是判断。价值判断作为价值规范在整合价值信息过程中的展开，是对智库评价主客体之间价值关系的断定，是智库评价主体关于智库评价客体有无价值、有什么价值、有多大价值的断定，是智库评价主体用规范来整合呈现在感性经验里的价值事实。

在整个智库评价系统中，价值判断是评价第一基本功能。无论是哪一类政治体制下的智库，还是哪一类型的智库，都具有鲜明的意识形态倾向和价值观，具备明确的政治信仰和价值追求。因此，智库评价的第一基本功能是价值判断。价值判断功能有助于评价主体充分把握评价客体的意识形态、价值取向、职能定位，为后续开展全链条、全流程、全维度的智库评价活动夯实基础，发挥智库评价的"压舱石"作用。

智库评价的测度功能主要是指对智库建设成效开展测度。智库评价的测度功能主要有三个：形成性测度功能、总结性测度功能、预测性测度功能。形成性测度功能是指智库建设过程测度功能，总结性测度功能是指智库建设结果测度功能，预测性测度功能是指智库建设趋势测度功能。三类测度功能各有侧重，既可将三类测度功能结合在一起发挥系统作用，也可根据智库评价客体的需要，重点发挥其中某类或某几类的测度功能。

测度功能的发挥受评价标准制约，即无论哪一类测度功能，都要在评价标准的基础上确定测度方法和测度模型方能发挥效力。如果评价标准设定出现偏颇，测度功能发挥出来的效力就会受到影响或制约，评价结果的效度和信度也将科学性不足。整体而言，测度功能具备较强的技术属性，充分发挥测度功能就能更好地发挥智库评价的"仪表盘"作用。

智库评价的诊断功能主要是指对智库建设经验与问题开展诊断，具体而言，就是对智库建设中的优势与经验、矛盾与问题作出评价的功效和能力。智库评价的诊断功能依赖实地观察、问卷调查、成果挖掘等多种评价手段，通过汇总评价客体的相关资料并进行科学分析，剖析评价客体建设过程中的优势环节与劣势环节，挖掘评价客体的建设经验与建设不足，进而探索造成现状的深层次原因，并针对这些原因提供改进途径和措施。

智库评价的诊断功能是"对症下药"，是基于判断功能和测度功能的高阶功能，这一功能的发挥过程也是智库评价的主要工作过程，充分发挥诊断功能就能更好地发挥智库评价的"问诊器"作用。

智库评价的导向功能主要是指针对智库建设发展方向进行

引导，具体而言，就是智库评价所具有的引导评价客体向理想目标前进的功效和能力。智库评价体系的评价目标、评价标准、指标体系及指标权重，不仅能够在宏观层面为评价客体的建设指明发展方向，还能够在微观层面对具体建设内容进行细节引导。通过宏观与微观相结合的系统导向，实现对智库建设的多层次、多维度、多阶段的引导。

智库评价的导向功能是趋势引导，同诊断功能一样，是基于判断功能和测度功能的高阶功能，这一功能的发挥将影响智库建设的宏微观目标、具体路径、建设方案等，充分发挥诊断功能就能更好地发挥智库评价的"指挥棒"作用。

综上，明确把握智库评价目的，为评价活动提供了明确的方向和焦点，能帮助评价主体确定评价的重点领域；在把握智库评价目的的基础上，系统发挥智库评价的判断功能、测度功能、诊断功能、导向功能，可以确保评价活动挖掘建设阻滞、支持决策制定、引导组织发展。

（2）主体与客体

智库评价的主体与客体在智库评价活动中扮演着至关重要的角色，充分了解智库评价主体和客体的特点、需求，对确保智库评价的有效性、公正性和科学性具有重要意义。

智库评价主体是指评价的实施者，是对智库开展评价工作的个人或团体。在具体实践中，智库评价的主体具备多元性，包括专家学者、学术机构、智库管理部门等。不同的评价主体根据评价目的，设计评价指标，确定评价标准，发挥不同的评价作用。

目前，较受关注的一类评价主体是"第三方"评价机构。通常，"第一方"是指评价客体，"第二方"是指评价的委托方、评价客体的上级或服务对象等，"第三方"是指独立于第一方、第二方之外的群体或组织。由于"第三方"与"第一方""第二方"之间既不具备行政隶属关系，也不具备利益关系，所以一般也会被称为"独立第三方"。"第三方"评价机构的独立性、专业性为评价结果的公正、公平提供了基础与保障，"第三方"评价模式既能够弥补评价客体自评的缺陷，也能够调动多方资源和力量。但是受多因素影响，"第三方"评价的独立性和专业性在实践中受到制约未能充分发挥，需要进一步发挥"第三方"评价机构的作用。

智库评价的客体是指被评价的对象，即各类智库。智库已经逐渐构建了分层、分类、分专业的体系格局。根据不同的分类标准，智库可以分为不同的类型，较为常见的分类标准有隶属性质、资金来源、研究领域、核心功能、服务对象、转化机制等。

对智库开展评价，不能采用同一评价标准和指标体系，不能搞"一刀切"，要根据实际情况开展分类评价。

比如，智库的主要功能包括咨政建言、理论创新、舆论引导、社会服务、公共外交等，不同智库的功能侧重有所不同。对不同类型的智库开展评价，要结合智库特点确定评价目的与评价功能。如前所述，对智库开展评价可以实现判断功能、测度功能、诊断功能、导向功能等。比如，以实现判断功能为目的的智库评价活动，需要对智库的具体工作内容和工作绩效开展翔实的测评，具体指出智库建设过程中存在的问题，因此，根据目的而设置的指标体系需要更为详细，整个评价活动需要更深入，给出的评价结论也需要具有更强的针对性。而导向功能需要通过指标体系给出明确的导引方向，如果某个指标权重大，则表征这个指标代表的评价维度更为重要，是智库未来的建设方向和建设重点。

整体而言，将智库进行分类，并开展分类评价符合智库发展的生态性要求，能够更好地回应国家的时代要求。对智库开展分类，并建构智库分类评价机制，既需要遵循智库分类与演化的自然逻辑，也需要在价值取向和目的趋向的双重驱动下对智库的分类发展进行高质量引导。

综上，对智库评价的主体与客体开展基础理论研究，有助于设计更为精准的评价指标和方法，提高评价的针对性和有效性；根据具体情况调整评价策略，使评价活动更具适应性和灵活性；有助于确保评价过程中的公平性，避免偏见和歧视，提高评价结果的公信力。

（3）技术与方法

评价技术与方法是开展评价活动的基础支撑，快速发展的技术与方法可以优化智库评价活动发展，研究评价技术与方法对提高评价效率、优化评价过程、完善评价结论具有重要意义。

评价技术具备科学性、系统性、适配性、可操作性等特点。目前，信息技术已成为评价技术的主流。信息技术作为对声音、图像、文字获取和加工的能动技术，以高速度、快迭代、深影响的方式快速发展，以前所未有的深度和广度渗透到经济社会的各个领域，同样对评价实践工作产生了深刻影响。

随着数据采集、数据分析及模型可视化等呈现新的变化，这些变化与经典评价方法相结合，在智库评价研究领域已有一些较为成熟的研究模式。大数据采集与分析技术，能够基于海量数据构建信息萃取模型，进而萃取出有助于智库评价工作的关键知识，并通过模型可视化技术，形象地展示智库评价过程和评价结论。比如在开展某一议题下的智库评价工作时，同一个议题在不同国家、不同政治背景的智库工作中会有不同的价值观倾向和观点认知，科学运用大数据采集与分析技术，能够帮助智库评价工作得出更为全面、系统、精准的评价结论，并将数据采集、数据分析等评价过程用可视化方式进行呈现。

此外，一些新兴的生成式人工智能技术也将助力智库评价工作。自然语言"类人化"处理、深度机器自反馈学习、智能知识图谱、多模态融合等技术的快速发展，推进了科研范式的转变，势必在未来对评价工作产生更深远的影响，这也对智库评价工作者提出了新的挑战和要求。

智库评价是具有多元主体、多层次、多维度，涉及多环节的综合评价，尤其是现阶段应社会发展、智库发展等方面的评价需求影响，智库评价所要评的内容及其评价目的也具有多元性。因此，智库评价的研究方法是多元的，应综合运用定性评价方法、定量评价方法或综合性评价方法，使评价结果能较为全面地满足评价需要。

依托大数据等新兴信息技术，智库评价方法不断创新，在开展智库评价的实践过程中，最常见的方法有专家评议法、德尔菲法、文献计量法等。

专家评议法。马可利达契斯（Markridakis）在《预测方法和应用》一书中介绍专家评议法是根据一定的规则吸收专家参加，根据事物的过去、现在及发展趋势，进行积极的创造性思维活动，对事物的未来进行分析、预测，对具体问题进行共同探讨、集思广益的一种专家评价方法。具体步骤如下：①明确具体分析、预测的问题；②组成专家评议分析、预测小组，小组组成应由预测专家、专业领域的专家、推断思维能力强的演绎专家等组成；③举行专家会议，对提出的问题进行分析、讨论和预测；④分析、归纳专家会议的结果。

德尔菲法即专家调查法，由美国兰德公司于1946年创始实行。该方法的工作流程大致可以分为四个步骤，在每个步骤中，组织者与专家都有各自不同的任务。①开放式的首轮调研。由组织者提出不带任何约束框架的预测问题，请专家基于预测问题提出预测事件。第一张调查表回收后，组织者用准确术语提出一个预测事件一览表，并作为第二张调查表发给专家。②评价式的第二轮调研。专家对第二张调查表所列的每个事件作出评价。组织者汇总专家意见并整理出第三张调查表。第三张调查表包括事件、事件发生的中位数和上下四分点，以及事件发生时间在四分点外侧的理由。③重审式的第三轮调研。请专家重审争论第三张调查表，对上下四分点外的对立意见给出新的评价意见。组织者回收专家的新评论和新争论，形成第四张调查表（重点在争论双方的意见）。④复核式的第四轮调研。发放第四张调查表，专家再次评价和权衡，作出新的预测。回收后，归纳总结各种意见的理由及争论点。

文献计量法。文献计量法是指使用数学和统计学的方法，定量地分析一切知识载体。常见的知识图谱分析、词频分析、期刊引文索引数据统计等都属于文献计量方法。现代文献计量学的研究始于洛特卡定律，随后的布拉福德文献分散定律和齐夫定律助推了文献计量方法的发展。20世纪60年代初期，美国学者尤金·加菲尔德相继建立了《科学引文索引》（SCI）数据库、《社会科学引文索引》（SSCI）数据库和《艺术与人文引文索引》（A&HCI）数据库。依托这些数据库能统计得出相应的影响因子、被引频次、H指数等量化指标数据，对期刊或论文进行排名，SCI、SSCI等文献数据库成为对智库、科研工作等开展量化评价的重要数据来源。

除了上述常用的方法，还有很多种方法，如何应用它们需要结合研究实际进行选择，恰当的研究模型和方法应用会使智库评价结论更合理、更准确。

综上，随着评价技术与评价方法的迭代发展，智库评价活动也在持续优化和完善,这助力智库评价功能得以全面发挥,更好地实现了智库评价目的。

(二) 国内外智库发展历程①

一般认为,现代意义上的智库在以美国为首的西方资本主义国家最为成熟。② 其实,在大部分国家的历史中,都可以找到智库的"雏形"或类似于智库的组织。这既反映了人类认识客观世界、解决客观问题的普遍规律,也反映了历史长河中的世界文明多样性。

1. 国外智库

(1) 美国

美国智库的发展至今已有超过一个世纪的历史,可以追溯到 19 世纪末的"进步主义运动时代"。③ 美国智库的发展根植于美国经济、政治、社会的变迁,具有鲜明的"美国特色",不失为美国近现代历史的缩影。

从需求侧来看,美国智库的发展空间来自源源不断的"新问题"。第二次工业革命极大地推动了美国社会生产力的发展,而两次世界大战又极大地拓展了美国的海外市场。科技与经济的跨越式发展使美国传统的政治模式与现实的社会需求产生脱节,大量的新

---

① 原则上,各智库名称以官方网站为准,国外智库第一次出现时标注中文名和英文名或原文名。
② 荆林波主编:《全球智库评价研究报告(2019)》,中国社会科学出版社 2020 年版。
③ 沈进建:《美国智库的形成、运作和影响》,《中国社会科学评价》2016 年第 2 期。

矛盾、新问题得不到解决。① 在这一背景下,公共政策研究的需求空间不断扩大,进而推动了美国现代智库的诞生与发展。

从供给侧来看,美国智库的蓬勃发展主要得益于广泛而稳定的"智力来源"。一方面,第二次世界大战后,美国的社会科学研究与教学水平跃居世界前茅,这为美国智库供应了大量的知识储备和人才储备。② 另一方面,作为典型的两党制国家,美国定期的政党轮换产生了著名的"旋转门"现象。③ 大量政治精英在任期结束后进入智库从事研究工作和倡议活动,以待下一次政党轮替后再次"出山"进入政治机构。

美国最早一批智库几乎都是由私人捐赠设立的。1910 年,美国著名商人、"钢铁大王"、慈善家安德鲁·卡内基(Andrew Carnegie)设立了卡内基国际和平基金会(Carnegie Endowment for International Peace)。1919 年,美国政治家赫伯特·克拉克·胡佛(Herbert Clark Hoover)及其妻子向其母校斯坦福大学捐款,并带领有关人员收集整理与战争有关的历史资料,进而逐渐形成"胡佛战争图书馆"(Hoover War Library),也即胡佛战争、革命与和平研究院(The Hoover Institution on War, Revolution, and Peace)的前身。1916—1924 年,罗伯特·布鲁金斯(Robert Brookings)先后创建了三家研究机构,这些机构于 1927 年合并为布鲁金斯学会(Brookings Institution)。

1921 年,在年轻的外交官与社会精英的发起下,美国外交

---

① 荆林波主编:《全球智库评价研究报告(2019)》,中国社会科学出版社 2020 年版,第 39—71 页。
② 张杨:《官智合流:冷战时期美国"政治—学术复合体"初探》,《社会科学战线》2012 年第 6 期。
③ 王莉丽:《美国智库的"旋转门"机制》,《国际问题研究》2010 年第 2 期。

关系委员会（Council on Foreign Affairs）正式成立，是美国外交专业智库的开端。1922年，该委员会创办了美国最早也最为权威的外交政策研究期刊——《外交事务》（Foreign Affairs）。

1938年，在刘易斯·布朗（Lewis Brown）的带领下，一群纽约商人共同创建了美国企业协会（American Enterprise Association），该协会致力于促进公众对于自由竞争市场的理解，同时旗帜鲜明地反对罗斯福新政，是第一个具有明显保守主义色彩的智库雏形组织。此后，该协会的总部迁至华盛顿，并最终改名为美国企业公共政策研究所（American Enterprise Institute for Public Policy Research）。

第二次世界大战前后，安全与军事领域的议题重要性不断凸显。1946年，在美国军方的支持下，"兰德项目"（Project RAND）开始运行。① 1948年，项目组成员正式注册了作为独立非营利组织的兰德公司（RAND Corporation），是为美国军事战略智库的开端，同时也标志着科学分析方法与跨学科思维在美国智库中的兴起。1961年，曾在兰德公司工作的军事战略家赫尔曼·卡恩（Herman Kahn）领衔创立了哈德逊研究所（Hudson Institute），在系统方法论的指导下，其研究议题逐渐从国防安全拓展到经济与社会领域。

20世纪70年代以来，布雷顿森林体系崩溃，美国国内外经济与政治局势动荡，华盛顿聚集了越来越多的智力资源，保守主义智库进一步崛起。② 1973年，传统基金会（The Heritage Foundation）于华盛顿成立。传统基金会的创始人不满于美国政界、学界与社会的自由主义之风，希望打造一个保守主义版本的布鲁金斯学会。

---

① "Our History", https://www.rand.org/about/history.html.
② 任晓：《第五种权力：论智库》，北京大学出版社2015年版，第63页。

1981年，专注国际经济问题的国际经济研究所（Institute for International Economics）成立，后于2006年改名为彼得森国际经济研究所（Peterson Institute for International Economics）。

冷战结束后，各类非传统安全议题与其他新兴议题不断涌现，美国智库进入了特色化、差异化发展的新阶段。2003年，与民主党关系密切的自由主义智库美国进步中心（Center of American Progress）成立。2004年，皮尤研究中心（Pew Research Center）正式成立，掀起智库进行全球民意调查的风潮。2007年，聚焦恐怖主义、非常规战争与区域安全研究的新美国安全中心（Center for a New American Security）成立。

（2）英国

英、美两国有着政治经济制度相近、历史社会文化同源的特殊关系。因此，不难理解，英国智库的发展也与美国智库有着诸多相似性，如宣扬"独立性"与"非营利性"、广泛吸引人才、注重公开辩论等。但与此同时，英美之间不可忽视的国家差异也明显地反映到了两国的智库生态层面。

一方面，虽然与美国同属于两党制，但英国的权力中心在议会而非总统，英国政党的地位更重要，组织更严密，功能也更丰富。因此，相比美国智库着眼总统及个别高官等"关键少数"的私人关系，英国智库更加看重政党的势力格局及其与政党的长期联系。另一方面，虽然与美国同属西方文明中的英语文化圈，但英国传统阶级思维更浓厚，知识精英、政治家与文官各司其职，职业体系较为封闭，社会流动性较小。这就导致以"旋转门"为核心机制的人才流动在英国不如在美国通畅高效。基于但不限于上述两方面原因，英国智库的发端早于美国，但其迈向成熟晚于美国。

早期的英国智库更加注重输出思想和理念，而非投身具体的公共政策研究。1884年，费边社（Fabian Society）成立，成为欧洲第一个现代智库组织的雏形。"费边"一词取自古罗马政治家、军事家，拥有"拖延者"（Cunctator）之名的昆图斯·费边·马克西穆斯·维尔鲁科苏斯（Quintus Fabius Maximus Verrucosus）。根据历史记录，费边在战场上擅长消耗、骚扰和迂回进攻，而不主张正面激烈对抗。因此，费边成为"渐进主义"的代名词。继承这一思想，费边社主张逐步地、缓慢地向社会主义过渡，反对激进的、直接的革命。在一定程度上可以说，费边社正是英国工党的创建者和改造者，其思想和理念一直引领着工党的发展方向。[①] 1939年，费边社明确自己附属于工党，但在组织和财务上独立，这一属性一直延续至今。

第一次世界大战及其余波催生了世界范围内的第一波智库热，聚焦国际关系与对外战略的英国智库也开始涌现。[②] 1920年，英国国际事务研究所（British Institute of International Affairs）成立。1924年，该所创办了著名的《国际事务》（*International Affairs*）杂志。1926年，该所获颁皇家宪章，并正式改名为皇家国际事务研究所（The Royal Institute of International Affairs），因其一直在查塔姆大厦内办公，也被世人称为查塔姆社（Chatham House）。皇家国际事务研究所的国际影响力极为可观，不仅曾位居各类全球智库排行榜前列，甚至还被称为"欧洲智库的标志"[③]。

1938年，英国国家经济社会研究所（National Institute of Economic and Social Research）成立，成为英国第一家聚焦经济议题的独立研究机构。

[①] 刘健：《费边社对英国工党的影响：从十九世纪末至今》，《当代世界社会主义问题》2016年第3期。

[②] 任晓：《第五种权力：论智库》，北京大学出版社2015年版，第37页。

[③] 韩丽：《欧洲智库的标志——英国皇家国际事务研究所》，《智库理论与实践》2016年第4期。

第二次世界大战后，随着政治经济格局的调整和生产力的进一步发展，资本主义世界开始拥抱新自由主义学说，英国本土主张国家干预的经济政策及其背后的中左翼思想也受到越来越多的质疑。1955 年，在弗里德里希·哈耶克（Friedrich Hayek）思想的感召下，英国商人安东尼·费舍（Antony Fisher）创立经济事务研究所（Institute of Economic Affairs）。1974 年，保守党政治家基思·约瑟夫（Keith Joseph）与玛格丽特·希尔达·撒切尔（Margaret Hilda Thatcher）共同成立政策研究中心（Centre for Policy Studies）。1977 年，同样秉持自由市场理念的亚当·斯密研究所（Adam Smith Institute）成立。随着撒切尔时代的到来，英国迎来了右翼智库参政议政的高潮。

此外，愈演愈烈的冷战也催生了国际战略研究所（International Institute for Strategic Studies）等聚焦安全领域的英国智库。

20 世纪 80 年代以后，一些意识形态标签不甚明显的"新智库"开始出现。此外，随着欧洲一体化进程加速，欧洲改革中心（Centre for European Reform）、欧洲外交关系委员会（European Council on Foreign Relations）等聚焦欧盟议题的智库陆续成立并走向英国政治舞台的中央。

（3）欧盟国家

在英、美之外，以德国为代表的欧盟国家也拥有较为成熟的智库体系。德国智库的历史虽不如英国久远，但发展十分迅速。① 有统计表明，虽然大部分德国智库都较为"年轻"，但那些规模最大、资金最雄厚的智库往往都成立于 1975 年之前。② 值得注意

---

① 王永志：《西欧国家党建智库及其建设经验述论——以英、法、德三国为例》，《理论导刊》2017 年第 6 期。

② Martin W. Thunert, "The Development and Significance of Think Tanks in Germany", *German Policy Studies*, Vol. 3, No. 2, 2006, pp. 185-221.

的是，德国虽然也有汉堡世界经济研究所（Hamburg Institute of International Economics）等私人赞助的独立智库，但大多数智库普遍接受甚至依赖政府资金的支持，这与美国智库生态有着天壤之别。[1] 相应地，德国智库的社会公益性更为明显，功能发挥也更为均衡。此外，当代德国的多党体系较为稳定和谐，社会共识基础深厚。因此，除了政策研究与倡议，德国智库在公民教育、人才培养、协商对话、国际交流等方面的表现也较为亮眼。

1914年，聚焦战争领域的基尔大学皇家航运与世界经济研究所（Royal Institute of Shipping and the World Economy at the University of Kiel）成立，被视为德国高校智库的发端。该所在近现代德国动荡的政局中几经变迁，最终演化为基尔世界经济研究所（Kiel Institute for the World Economy）。该所为"世界五大经济研究所"之一，其影响力很早就被中国学界感知。[2]

1925年，弗里德里希·艾伯特基金会在魏玛共和国第一任总统、德国社会民主党领导人弗里德里希·艾伯特的遗嘱下建立。该基金会于1933年被德国纳粹政府禁止，于第二次世界大战后恢复。以此为发端，德国六大政党都建立了自己的政治基金会。根据建立时间，依次为弗里德里希·诺曼基金会（自由民主党，1958年）、康拉德·阿登纳基金会（基督教民主联盟，1964年）、汉斯·赛德尔基金会（基督教社会联盟，1967年）、海因里希·伯尔基金会（联盟90/绿党，1996年）、罗莎·卢森堡基金会（民主社会主义党，即现在的左翼党，1998年）。[3] 德国也因此成

---

[1] Josef Braml, "US and German Think Tanks in Comparative Perspective", *German Policy Studies*, Vol. 3, No. 2, 2006, pp. 222-267.

[2] 朱玲：《闻名遐迩的基尔世界经济研究所》，《西欧研究》1985年第1期。

[3] 荆林波主编：《全球智库评价研究报告（2019）》，中国社会科学出版社2020年版，第131页。

为世界范围内政党型智库体系的典范。

1962 年，"欧洲最大的国际政治类智库"①——德国政治与科学基金会（英文：German Institute for International and Security Affairs，德文：Stiftung Wissenschaft und Politik）② 在慕尼黑成立，不久后其经费开始从联邦德国总理府的预算中列支。③

1989—1990 年，柏林墙倒塌，两德统一。西德国家资助"蓝名单"的研究机构和东德科学院下属院所统一合并管理，规模庞大的莱布尼茨学会（Leibniz Association）就此成立，为当代德国最著名的非高校类研究机构。

相比美、英、德三国，法国智库的发展更为缓慢，总体呈现"小而精"的特点。④ 此外，虽然法国是典型的"半总统—半议会"国家，政党在实质上分享了政治权力。然而，第五共和国成立以来，法国社会思潮与意识形态对立明显，各大政党的理念与组织也长期处于流变之中。因此，法国智库与政党之间的联系更为复杂且不稳定。⑤

1979 年，与法国外交部关系密切的法国国际关系研究所（French Institute of International Relations）成立，迄今仍然是法

---

① 陈威龙：《德国科学和政治基金会创新研究与成果管理经验启示》，《智库理论与实践》2019 年第 4 期。
② 其英文直译为"德国国际与安全事务研究所"，但其德文直译名称更为通行，本报告也沿用之。
③ 任晓：《第五种权力：论智库》，北京大学出版社 2015 年版，第 71 页。
④ 阚四进：《颇具特色的法国智库机构》，《秘书工作》2021 年第 7 期。
⑤ Charlotte Halpern et al., *Policy Analysis in France*, Bristol: Policy Press, 2018.

国规模最大的独立智库。①

1991年,与法国国防部和众多国际组织关系密切的法国国际和战略关系研究所(The French Institute for International and Strategic Affairs)成立。

2000年,聚焦社会凝聚力、公共政策、竞争力和公共财政等内政问题的蒙田研究所(法文:Institut Montaigne)成立。

2004年,在法国右翼政党人民运动联盟的支持下,政治创新基金会(Foundation of Political Innovation)正式宣告成立。该智库的研究领域涵盖经济增长、生态、价值观与数字四大议题,在研究方法上以社会调查见长。

2008年,与法国社会党关系密切的左翼智库泰拉·诺瓦(Terra Nova)成立,其"进步价值观"对奥朗德政府产生了重要的政策影响。

在欧盟国家中,以瑞典为代表的北欧国家的智库颇具特色。1964年,瑞典首相塔格·埃兰德(Tage Erlander)提议建立一个和平研究所,以纪念瑞典150年未受破坏的和平。1966年,瑞典皇家委员会也在报告中提出类似建议。同年,瑞典议会通过决议,正式设立具有独立基金会地位的斯德哥尔摩国际和平研究所(Stockholm International Peace Research Institute)。成立至今,该研究所一直是全球范围内研究军控等和平议题的顶尖智库,同时也在瑞典的有关政策制定中发挥着重要的协调作用。②

除了以欧盟各国为"大本营"的智库,还有不少聚焦欧盟议

---

① 谭玉、朱思慧:《外交智库影响外交政策的作用机制研究——以法国国际关系研究所为例》,《情报杂志》2019年第1期。

② Sigurd Allern and Ester Pollack, "The Role of Think Tanks in the Swedish Political Landscape", *Scandinavian Political Studies*, Vol. 43, No. 3, 2020, pp. 145-169.

题本身的著名智库也值得关注。这些智库往往坐落于"欧洲首都"——布鲁塞尔，同时与欧盟的各级各类机构及相关组织保持密切联系。1983年，欧洲政策研究中心（Centre for European Policy Studies）成立，是第一家专注欧洲一体化研究的智库。其后，类似的著名智库还有欧洲政策中心（European Policy Centre）、欧洲之友（Friends of Europe）、布鲁盖尔（Brugel）等。事实上，欧盟机构本身也非常关注智库的研究成果与互动活动，譬如欧盟理事会图书馆长年编纂并定期发布《智库综述》（*Think Tank Review*），以汇集和呈现有关智库的重要观点。①

（4）亚洲国家

受儒家文化的影响，东亚国家大多有着"幕僚""文士""参谋"的历史传统，历朝历代都有大量直接服务于各级各类决策者的人才，但一直未形成类似智库的成熟组织。近现代以来，大部分东亚国家仍然长期保持着较为集中的政治权力结构。相应地，该地区的智库也大多发端于"体制内"②，形成了独特的"东北亚式"智库类型。③

日本现代智库组织的雏形可以追溯到东亚近代史中颇具争议的"南满洲铁道株式会社"调查部（以下简称"满铁调查部"）。20世纪初至第二次世界大战结束，满铁调查部配合日军侵略与殖民的野心，对我国有关地区的农业、人口、文化等多方面社会情况进行了田野调查，同时也广泛收集图书报刊资

---

① "Think Tank Review", Council of the European Union, https://www.consilium.europa.eu/en/documents-publications/library/library-blog/think-tank-review/.

② 张骏：《智库与政府关系的调整与探索——以日本、韩国和新加坡智库为例》，《智库理论与实践》2017年第3期。

③ 转引自任晓《第五种权力：论智库》，北京大学出版社2015年版，第23页。

料，为侵华日军提供了大量的情报。

学界将日本智库的出现与发展分为七个阶段，即萌芽期（第二次世界大战前至结束）、初创期（1945—1965 年）、第一次智库发展潮（1965—1975 年）、第二次智库发展潮（20 世纪 80 年代中期至 80 年代末）、第三次智库发展潮（20 世纪 90 年代前期）、第四次智库发展潮（20 世纪 90 年代后期）、转型重组期（2000 年以后）。①

第二次世界大战结束后，日本的战后重建工作催生了对于公共政策研究的巨大需求。1945 年，日本政府多部门联合创办了"财团法人国民经济研究协会"，这也是日本宏观经济研究智库的开端。其后成立的"财团法人日本经济研究所""株式会社 PHP 综合研究所""财团法人政治经济研究所"等日本早期智库均聚焦经济恢复相关问题。1959 年，日本前首相吉田茂创办"财团法人日本国际问题研究所"，这也是日本外交领域智库的开端。

此后的四波日本智库发展浪潮中，民间企业、金融资本、地方自治体与非营利性组织陆续大力投入智库事业。"株式会社野村综合研究所""株式会社富士综合研究所""公益财团法人东京财团政策研究所""21 世纪政策研究所"等代表性智库机构先后成立。

韩国现代智库建设始于 20 世纪 70 年代。② 时至今日，大部分韩国智库为政府创设，或与大型企业密切相关。③

1971 年，作为政府部门的韩国开发研究院（Korea

---

① 胡薇：《日本智库研究：经验与借鉴》，中国社会科学出版社 2021 年版。
② 国务院发展研究中心赴韩国智库专题调研考察团、李国强、陈波：《韩国智库考察报告》，《中国发展观察》2013 年第 12 期。
③ Alina Orrica et al., "Think Tank Landscape Scan 2022: Korea", *On Think Tanks*, https://onthinktanks.org/articles/think-tank-landscape-scan-2022-korea/.

Development Institute）正式成立，为韩国第一家智库。此后，政府所属与政府资助的智库组织陆续涌现，如韩国产业经济与贸易研究院（Korea Institute for Industrial Economics and Trade）、韩国对外经济政策研究院（Korea Institute for International Economic Policy）等。此外，韩国大型企业也陆续投资建设自己的智库，三星经济研究所（Samsung Economic Research Institute）无疑是其中最具代表性的。

2005年，直属于总理的韩国经济人文社会研究会（National Research Council for Economic，Humanities and Social Sciences）正式成立，负责统筹政府举办的研究机构。这种智库管理模式在亚洲乃至全球都具有一定的开创意义。

2006年，韩国外交部和济州地方政府共同发起设立济州和平研究院（Jeju Peace Institute）。此后该院连年举办著名的"济州论坛"，吸引全球各国政要、学者和企业家参与。

2008年，峨山政策研究院（Asan Institute for Policy Studies）成立，作为韩国智库的"后起之秀"受到广泛关注。[1]

相比东亚地区，东南亚与南亚的历史文化与政治经济更为复杂，其智库形态也更为多样化且不均衡。智库的发展与所在国家的发展水平密不可分。因此，不难理解，新加坡是东南亚地区最为突出的智库强国[2]，而南亚的重要智库大多集中在印度。特别地，由于特殊的历史文化，相对于日、韩等其他亚洲国家的智库，新加坡与印度的智库在应用英语进行研究与传播方面具有一定的优势。

---

[1] 《中国智库可以向韩国同行学习什么？》，2014年10月30日，中国网，http://www.china.com.cn/opinion/think/2014-10/30/content_33913381.htm。

[2] 荆林波主编：《全球智库评价研究报告（2019）》，中国社会科学出版社2020年版，第170—171页。

新加坡的政治文化与政治体制既是东西方融合的产物，也深受李光耀个人价值观的影响。① 特别地，新加坡强调以"智慧"立国，各类智库在新加坡"小国崛起"的发展道路上发挥了非常重要的作用。② 新加坡的智库大多由政府牵头组建，并坐落于著名高校之内。1968年，在东南亚五国组建东盟的背景下，聚焦区域问题研究的新加坡东南亚研究所（Institute of Southeast Asian Studies）③ 顺势而生。新加坡国立大学李光耀公共政策学院下设的政策研究所（Institute of Policy Studies），是新加坡唯一一个内政外交研究并重的著名智库。1996年，新加坡南洋理工大学创设国防与战略研究所（Institute of Defence and Strategic Studies），该所既是新加坡外交与安全领域智库的标杆，也长期位居东南亚领先智库之列。1997年，新加坡国立大学东亚研究所（East Asian Institute, National University of Singapore）正式成立，成为东南亚地区中国研究的重镇。

印度现代智库可以追溯到英国殖民时期的戈卡莱政治经济学院（Gokhale Institute of Politics and Economics）④，甚至有文献认为可以再往前追溯到1870年成立的印度三军协会（The United Service Institution of India）⑤。1947年印度独立后，大学体系中普遍缺乏聚焦公共政策的研究中心，学界与政界之间的

---

① 李路曲：《新加坡政治文化的形成与演变》，《东南亚研究》1991年第3期。

② 韩锋：《新加坡智库的现状、特点与经验》，《东南亚研究》2015年第6期。

③ 后更名为"尤索夫伊萨东南亚研究院"。

④ Annapoorna Ravichander, "Indian Think Tanks: A Historical Background", On Think Tanks, https://onthinktanks.org/articles/indian-think-tanks-a-historical-background/.

⑤ 周惠芳、解斐斐：《印度智库研究：机制、影响与案例》，国际文化出版公司2021年版，第5页。

空白地带就成为智库自由生长的空间。①

尼赫鲁执政时期，由于其独揽外交大权，国际研究类智库起步较晚且政策影响力有限，而经济类智库的表现更为亮眼。1952年，印度著名经济学家拉奥（V. K. R. V. Rao）创建经济增长研究所（Institute of Economic Growth）。1956年，印度政府直接参与资助的国家应用经济研究委员会（National Council of Applied Economic Research）成立，其至今仍然是印度规模最大的经济智库。

1965年，印度国防部出资建立防务与战略问题智库国防分析研究所（Institute for Defence Studies and Analyses）。② 该研究所政策影响力巨大且地位超群，是印度唯一一家由内阁任命委员会任命负责人的智库，且其执行委员会主席一般由印度国防部部长兼任。

1973年，聚焦政策设计与政策落地研究的政策研究中心（Centre for Policy Research）成立。

进入21世纪，梵门阁（Gateway House）、辨喜国际基金会（Vivekananda International Foundation）等著名智库先后成立。与此同时，西方著名智库也陆续在印度设立分支机构，如卡内基印度中心（Carnegie India）、布鲁金斯印度中心（Brookins India)③ 等。

（5）俄罗斯、乌克兰与中亚国家

俄罗斯、乌克兰与中亚多国先是共同建设，后又共同继承了苏联的人力资本与知识资源，因此其智库生态至今也具有一定的相似性；但由于不同的民族文化与制度变迁过程，这些国家的智

---

① Manjari Chatterjee Miller and Clare Harris, "Yamini Aiyar: Why Think Tanks Are Critical to Indian Policymaking", Council on Foreign Affairs, https://www.cfr.org/blog/yamini-aiyar-why-think-tanks-are-critical-indian-policymaking.

② 2020年更名为"马诺哈尔·帕里卡尔国防分析研究所"（Manohar Parrikar Institute for Defence Studies and Analyses）。

③ 2020年独立为"社会和经济进步中心"（Centre for Social and Economic Progress）。

库发展表现出一定的差异性。①

一般认为，俄罗斯智库的历史渊源要从规模庞大、成就非凡的俄罗斯科学院（Russian Academy of Sciences）系统说起。17世纪末18世纪初，俄罗斯沙皇彼得大帝逐渐被西方科学所吸引，在戈特弗里德·威廉·莱布尼茨（Gottfried Wilhelm Leibniz）等西方学者的影响下，彼得大帝决定于圣彼得堡建立科学院。② 随着俄罗斯帝国先后走向苏维埃社会主义共和国联盟和俄罗斯联邦，俄罗斯科学院（苏联科学院）也经历了漫长而复杂的变迁，其在基础研究之外的决策咨询功能也越发凸显。③ 1956年，经苏联最高领导人赫鲁晓夫提议，苏联科学院世界经济与国际关系研究所正式成立，这也是俄罗斯综合战略智库的开端。类似地，俄罗斯科学院（苏联科学院）中的国际问题、经济、社会政法类研究所大多承担了重要的智库职能。

1987年，苏联全联盟舆论研究中心（All-Union Public Opinion Research Center）成立，后更名为全俄民意调查中心（Russian Public Opinion Research Center）。该中心是俄罗斯第一家也是最大的民意调查机构，其不仅在俄罗斯社会文化领域表现出相当可观的政策影响力，同时也因其专业性和客观性广受学界赞誉。

1990—2000年是俄罗斯智库自由发展的窗口期。④ 除了俄罗斯联邦总统叶利钦直接下令成立的俄罗斯战略研究所（Russian

---

① 荆林波主编：《全球智库评价研究报告（2019）》，中国社会科学出版社2020年版，第195—196页。

② Alexander Lipski, "The Foundation of the Russian Academy of Sciences", *Isis*, Vol. 44, No. 4, 1953, pp. 349-354.

③ 黄晓东：《俄罗斯科学院概览》，《科技导报》2015年第17期。

④ Felix Riefer, "The Role of Think Tanks in Russian Foreign Policy", ZOiS, https://www.zois-berlin.de/en/publications/zois-spotlight/the-role-of-think-tanks-in-russian-foreign-policy.

Institute for Strategic Studies），① 还有对俄罗斯经济改革影响深远的盖达尔研究所（Gaidar Institute）、专注区域问题与双边关系的俄罗斯独联体国家研究所、美国等西方世界出资建立的卡内基莫斯科中心（Carnegie Moscow Center）等大量不同类型的智库。21世纪以来，俄罗斯独立的专业智库开始衰落。②

2004年，俄罗斯为改善国际形象，创办瓦尔代国际辩论俱乐部（Valdai Discussion Club），吸引全球各国政要、学者和企业家参与。

2010年，梅德韦杰夫总统为提升俄罗斯国家软实力，下令由俄罗斯多个部门和组织共同创设俄罗斯国际事务委员会（Russian International Affairs Council），该智库在进行研究的同时，也承担了大量的二轨外交工作。

2012年，保守主义智库伊兹博尔斯基俱乐部（Izborsky Club）成立并迅速崛起，引发普遍关注。③

苏联解体后，乌克兰的智库建设同样起源于官方研究机构内部。1992年，乌克兰国家科学院（National Academy of Sciences of Ukraine）增设了世界经济与国际关系研究所与战略研究所。由于官方机构的研究人员长期秉持"苏联式"的决策咨询模式，难以应对乌克兰转型过程中的新问题，乌克兰民间

---

① 原属俄罗斯联邦对外情报局，后划归俄罗斯总统办公厅。

② Anders Aslund, "Rise and Fall of Russia's Economic Think Tanks", *The Moscow Times*, https://www.themoscowtimes.com/2012/12/18/rise-and-fall-of-russias-economic-think-tanks-a.

③ Edwin Bacon, "Policy Change and the Narratives of Russia's Think Tanks", *Palgrave Communications*, Vol. 4, No. 1, 2018, Article number: 94；李艳龙：《普京时期俄罗斯智库在意识形态新定位中的作用分析及启示》，《智库理论与实践》2022年第7期。

智库迎来发展机遇期。① 1992—1994年，由前高官主导的市场改革中心（Market Reform Center）、社会改革中心（Society Transformation Center）、拉祖姆克中心（Razumkov Centre）等独立智库先后成立。与此同时，西方资本与国际非政府组织也逐渐进入乌克兰。21世纪后，乌克兰民间智库在"橙色革命"等政治运动中往往站在当局的对立面，因此未能较好地发挥传统意义上的政策影响力，其整体发展也明显受限。

由于政治道路的殊途，中亚五国的智库建设也表现出不同于乌克兰的发展模式。1993年，哈萨克斯坦首先成立直属于总统的哈萨克斯坦战略研究所（Kazakhstan Institute for Strategic Studies under the President of the Republic of Kazakhstan）。此后，其余中亚四国也纷纷成立了直属总统的战略智库，即吉尔吉斯斯坦总统国际战略研究所、塔吉克斯坦总统战略研究中心、乌兹别克斯坦总统战略与地区研究所、土库曼斯坦战略规划与经济发展研究所。相对而言，中亚地区的民间独立智库较少，影响力较为有限。

（6）拉丁美洲国家②

拉丁美洲（以下简称"拉美"）各国智库建设起步较晚，第一批智库潮出现在20世纪60年代。在这个阶段，不少私立大学和公立大学的社会科学学院和经济学院分别成立了政策研究中心，政府内部则设立了政策规划机构。

20世纪60—70年代，巴西、秘鲁、智利、阿根廷、乌拉圭等拉美国家处于军政府统治之下，进步知识分子和专业人士因为政治异见受到军政府的迫害。一些知识分子悄悄创办独立的

---

① Oleksandra Keudel and Olena Carbou, "Think Tanks in a Limited Access Order: The Case of Ukraine", *East European Politics and Societies*, Vol. 35, No. 3, 2021, pp. 790-811.

② 本部分作者为浙江外国语学院西方语言文化学院副教授陈岚。

研究机构，分析社会问题。这些研究机构成为知识分子讨论和制定反对独裁统治策略的活动场所。

从 20 世纪 80 年代起，拉美军政府还政于民，第三波民主化浪潮席卷拉美，工会、商业团体和不同类型的公民组织开始勃兴。民主化为它们开辟了与政党和政府一起共同参与设置公共议程的道路。与此同时，许多拉美国家爆发债务危机。这时，出现了一大批捍卫自由市场的民间智库。这些民间智库往往由当地精英，或者是由国内和跨国企业创建，招募一批在美国完成学业之后回国的技术专家，倡导新自由主义导向的公共政策，鼓吹市场开放、削减政府开支和国有公司私有化等措施。

进入 21 世纪之后，随着左翼粉红政府上台，拉美左翼政府重视加强智库建设，为政府的决策建言献策，并引导舆论方向。在这个时期，左翼智库的数量和质量均有了一定的提升，典型的如拉丁美洲地缘政治战略中心（西班牙文：Centro Estratégico Latinoamericano de Geopolítica）。

总的来说，拉美国家的智库呈现多元化趋势。拉美智库的观点明显反映了它们的政治与意识形态偏好。它们产生话语和知识，提供公共政策替代方案，通过社交网络、传统媒体、培训、学术期刊等平台方式，干预公众舆论的形成、影响政府决策。综合而言，拉美各国智库数量和发展水平参差不齐，阿根廷、巴西、墨西哥和哥伦比亚是拥有智库数量最多的拉美国家，智库的政策影响力与其创建者及成员的人脉网络密切相关。

高校所属的智库。拉美的一些综合性大学和高等院校设立了研究中心，如里约热内卢天主教大学设立的金砖国家政策中心、秘鲁太平洋大学的中国与亚太研究中心等。这类智库兼具教育职能，占拉美智库总数的 20% 左右，且大多数智库从事社会科学的研究工作（占50.8%）。①

政党出资成立的智库。这类智库有明确的党派立场。一些智库直接为总统候选人和政党制造思想，为政治家诊断国家的社会和政治问题，提出解决公共问题的建议。一些智库发挥了"旋转门"功能：在野时期，智库是政党精英的庇护所；在政党上台之后，智库成员则成为政府的干部。在智利，立法部门使用"政治培训机构"（西班牙文：Instituto de Formación Política）一词来指与某个政党关联的智库，并规定政党必须透明地向选举委员会报告提供给这些智库的经费。平等研究所（西班牙文：Instituto Igualdad）与智利社会党有关联。人文研究中心（西班牙文：Centro de Estudios Humanistas）、劳拉·罗德里格斯基金会（西班牙文：Fundación Laura Rodríguez）、莫比乌斯基金会（西班牙文：Fundación Moebius）和发展共同体（西班牙文：Comunidad para el Desarrollo）与人文主义党有关联。②

政府出资成立的智库。一类是政府部门下属的研究机构。如隶属巴西经济部的应用经济研究所、隶属阿根廷生产发展部的结构改革理事会、智利国家图书馆的研究和出版部门等。另一类是政府出资成立的区域性研究机构。如拉美的地区性研究组织——拉丁美洲社会科学院和联合国拉美经济委员会等。

私营基金会和独立的非政府组织。这类智库比较复杂。一些是由前议员、政府顾问、企业家等精英人士组成的智库；一些则

---

① Javier Tarango, Rene-Manuel Delgado and Juan D. Machin-Mastromatteo, "Latin American academic and research Think Tanks: Characterization of a model and its presence in the region", *Information Development*, Vol. 35, No. 1, 2019, pp. 167–168.

② Andrea Vargas Cárdenas, "Regulación a los think tanks de partidos políticos en Chile", *ASESORÍA TÉCNICA PARLAMENTARIA*, Octubre, 2019, pp. 1–3.

是由某一领域的社会力量组建，如环境和自然资源基金会（FARN）。这类智库扮演类似于运动倡导组织（Advocacy Group）的角色。它们依赖海外机构赞助，如德国阿登纳基金会、美国福特基金会、开放社会基金会、洛克菲勒基金会等，与不少国际组织和机构保持合作关系，主要针对某些特定议题开展研究项目、举行学术活动等，在生产知识的过程中难免受到外国资助方的影响，持有取悦西方财团的价值观。如"墨西哥评估中心"的主要工作是通过生成和审查证据，评估和监督政府的运作，改进联邦、州和地方各级政府的公共政策。委内瑞拉"为自由传播经济知识中心"（CEDICE）的价值观是致力于捍卫个人自由、尊重财产权、有限政府和寻求和平。① 而这两个智库背后都有 Atlas 网络②的身影。一些智库在美西方政府的资助和指导下，不仅传播思想，还直接指导公民发起运动，试图推翻合法左翼政府。譬如阿根廷的《12 页报》曾披露拉丁美洲开放与发展中心（CADAL）是美国中央情报局对抗古巴政府的行动基地。③

（7）阿拉伯国家④

阿拉伯国家智库以服务国家利益为目的，将基础研究与对策研究相结合，通过建立有效的沟通互动机制，为政府决策提供智力支持和政策建言。从地域上看，主要分为三个部分。

一是海湾阿拉伯国家智库。它们大多与政府关系密切，获

---

① "Transformamos la sociedad a través de las ideas", Cedice Libertad, https://cedice.org.ve/.
② 一家总部位于美国、受到科赫兄弟集团与美国国务院资助的非政府组织，在传播假消息、助推多起"颜色革命"等活动中扮演过角色。
③ Gustavo Veiga, "Una base de operaciones anticastrista", Logo de Página/12, https://www.pagina12.com.ar/diario/elpais/1-188448-2012-02-27.html.
④ 本部分作者为上海外国语大学中东研究所副研究员李意。

得国家基金会或王室成员的支持（如卡塔尔部分智库直接由卡塔尔埃米尔领导），在阿拉伯国家乃至整个伊斯兰世界均有较高声誉。这些智库重视基础研究与对策研究的结合，通过搭建知识与权力的桥梁，为各国提供外交思想和政策建议（如巴林智库善于运用"旋转门"机制，保持着王室和学术界的长效沟通与交流），不断发挥着影响力。阿曼、伊拉克和也门等国家的智库虽也具有咨政功能，但更为重视民意与学术研究，且具有非政府属性。有的智库以高校为依托，有的智库集民意调查和基础研究于一体。加之海湾国家经济实力雄厚、文化底蕴深厚，促使这些智库运作良好、发展较快，在推动海湾国家对外政策、国民经济、大众传媒与宗教教育等方面发挥着积极作用。

二是沙姆地区国家智库。多属于独立的民间机构，擅长举办专题讨论会，通过召集持不同政见者，在改革议程的关键点上进行充分交流，进而统一思想并出台一系列备选方案。约旦文化底蕴深厚，智库建设起步较早，主要目标是传播当代阿拉伯思想、促进经济发展、维护国家安全、实现个人自由和社会进步。黎巴嫩有不少智库是美国智库在阿拉伯国家的分支机构，其他多数智库不但关注国内问题，而且把研究对象扩大到整个阿拉伯地区。叙利亚智库关注本国安全与政治。有的智库负责人本身就是境外反对派中的重要人物，为了避免遭受迫害，将总部设在国外。除关心国家政治、经济、社会等战略问题外，它们对人权的诉求和正义的渴望也十分强烈。巴勒斯坦智库主要围绕巴勒斯坦问题的前景和解决方式展开讨论，努力向人们展示在当前国际关系中，巴勒斯坦人民为正义与和平付出的努力与艰辛。

三是北非国家智库。北非埃及和马格里布联盟国家在政治重建和经济社会发展过程中出现许多新问题、新矛盾，智库为各国发展中面临的中长期问题提出"预警"，也为各国摆脱经济危机、复苏经济提供国际经验借鉴。埃及智库的国际化程度较高，尤其注重与世界各国智库和研究机构保持密切往来。它们为政府决策提供智力支持，这也凸显了埃及的地区政治影响力，无论是在数量还是研究实力上，都处于阿拉伯世界的绝对领先地位。在马格里布联盟国家中，摩洛哥、突尼斯智库关注地区局势，注重区域研究；阿尔及利亚智库在意识形态上具有一定的东方主义色彩，较多关注马格里布地区国家与欧洲地中海国家的政治经济关系和文化联系，在社会学研究方面较为突出；利比亚的智库总体数量较少，大多为卡扎菲政权倒台后创建的；毛里塔尼亚智库起步较晚，侧重本国社会转型、经济发展和地区安全问题，有的智库兼具教学和人才培养功能。

（8）撒哈拉以南的非洲国家[①]

近年来，随着非洲大陆经济快速增长和国际地位的提升，非洲智库发展迅猛，除了聚焦本国发展议题，还注重区域政策网络的建设，逐步提升国际影响力。非洲智库在其宣介的使命和愿景中，大多将自身定位为沟通研究与政策的桥梁，主要承担四方面的职能：对现实问题进行政策和对策研究；建言献策，影响政府政策的制定；传播知识，启迪媒体和公众；培训非洲精英，建立人才网络。在现实运行中，智库的功能和研究取向、非洲各国的政治制度与经济发展情况密切相关，总体呈现以下特点。

其一，聚焦国内发展问题。非洲国家的智库主要关注自身的发展议题，包括经济转型、发展政策、公共政策、科技政策和安全事务等。津巴布韦的智库主要关注农业和土地、货币和债务等对该国发展至关重要的议题。赞比亚智库聚焦贸易与投资、交通与运输、公共财政等议题。埃塞俄比亚发展研究所注重工业化、

[①] 本部分作者为上海外国语大学上海全球治理与区域国别研究院副研究员周瑾艳。

产业园的研究，并参与埃塞俄比亚政府"增长与转型"计划、工业园区规划的起草。非洲最具影响力的智库之一——博茨瓦纳发展政策分析研究所的研究领域主要包括宏观经济与发展、贸易与私营部门发展、社会发展、环境、农业与自然资源、治理和行政。博茨瓦纳发展政策分析研究所受政府委托，负责国家五年发展规划的中期评估，并通过发布年度报告、政策简报、工作论文、专著、期刊、新闻简报等研究成果影响政策制定。

其二，随着金砖国家扩员、非盟加入G20，非洲国家开始重新思考自己在世界的地位，希望拥有更加自主独立的外交，智库推动非洲出现思想革命的浪潮。除了聚焦影响非洲自身发展的减贫、贸易、性别等议题，非洲智库也开始关注区域和国际事务，打造国际影响力。智库在非洲各国的分布基本与非洲国家的经济体量和战略地位一致。由于财力、人力的限制，非洲智库大多仅在本国首都设总部，很少有实力在其他国家设立分部或代表处，大多数智库缺乏对外交和国际关系的研究。但近年来随着非洲经济的增长，非洲议题受到全世界的广泛关注，非洲区域大国愈加注重区域一体化和国际事务的研究，逐步利用智库塑造国际影响力。一方面，非洲智库召开高级别的区域会议，打造智库品牌。塔纳非洲安全问题高级别论坛是非洲一年一度的高级别会议，非洲领导人和利益攸关方会聚一堂，共同探讨非洲安全问题的解决途径。另一方面，非洲智库积极参与全球议题讨论和设置，关注全球南方和南南合作，提高国际影响力。南非国际事务研究所是外交和国际事务领域的顶级非洲智库，其研究议题涵盖外交政策、经济外交、发展、治理、气候变化和自然资源六个领域，尤其关注非洲与世界的关系、和平与安全、能源转型及南非的外交政策。

值得指出的是，颇具影响力的非洲智库尚属少数，大部分非洲智库缺乏政策、社会及国际影响力。其主要原因是非洲大多数国家政府虽意识到智库在决策过程和社会发展中的作用，但囿于自身实力有限，无法给予智库有力的经济支持和政策支持。此外，由于易受国内政局变化影响，智库与政府间缺乏政策制定与人员的双向互动，以及非洲智库定位不够清晰，非洲智库对本国政府和社会的影响力受到制约。

2. 中国特色新型智库

在政策出台前对有关情况进行详尽科学的调查研究，是中国共产党人一以贯之的优良传统，[①] 但当代中国智库的出场经过了较为漫长的酝酿阶段。这主要是因为，在中国的革命、建设与改革历程中，政策研究的职能往往由党政部门的领导统筹规划并由相应的内设机构来具体承担。因此，在一定程度上"内脑"取代了"外脑"。改革开放以来，这些"内脑"的公开性和相对独立性进一步提升，现代智库的功能逐渐迈向成熟，其影响政策的机制与效果受到了越来越多的关注。[②]

党的十八大以来，中国特色社会主义进入了新时代，以习近平同志为核心的党中央高度重视智库工作。延续"顶层设计"而非"自发生长"的历史逻辑，中国特色新型智库大踏步地走向政治舞台的中央。一般认为，以2015年和2019年为界，

[①] 《中共中央办公厅印发〈关于在全党大兴调查研究的工作方案〉》，2023年3月19日，中国政府网，https://www.gov.cn/zhengce/2023-03/19/content_5747463.htm。

[②] 譬如，美国学者、中国问题研究专家就长期关注中国安全与外交领域的研究机构。参见 David L. Shambaugh, "China's National Security Research Bureaucracy", *The China Quarterly*, Vol.110, 1987, pp.276–304; David Shambaugh, "China's International Relations Think Tanks: Evolving Structure and Process", *The China Quarterly*, Vol.171, 2002, pp.575–596; 等等。

中国特色新型智库建设经历了"建章立制""分类发展""提质增效"三个重要阶段。①

习近平总书记在2013年4月"关于建设中国特色新型智库"的批示被视为新型智库建设的战略规划开端。2013年年底，中共十八届三中全会正式以党的文件形式把"加强中国特色新型智库建设"确定为国家战略。②

2015年1月20日，中共中央办公厅、国务院办公厅印发《关于加强中国特色新型智库建设的意见》（以下简称"两办《意见》"），明确提出"统筹推进党政部门、社科院、党校行政学院、高校、军队、科研院所和企业、社会智库协调发展"，对中国特色新型智库建设进行了全局部署。③

同年10月29日，党的十八届五中全会审议通过《中共中央关于制定国民经济和社会发展第十三个五年规划的建议》，强调"实施哲学社会科学创新工程，建设中国特色新型智库"。④

同年年底，首批国家高端智库建设试点单位公布。自此，全国各地的"智库建设热"一浪高过一浪。另外，2015年12月11日，习近平总书记在全国党校工作会议上再次强调，希望党校成为党和国家的重要智库。

2016年3月23日，习近平总书记就全国党建研究会第六次

---

① 荆林波、吴田：《中国特色智库建设综述与展望》，《中国软科学》2022年第11期。

② 《中共中央关于全面深化改革若干重大问题的决定》，2013年11月15日，新华网，https://china.huanqiu.com/article/9CaKrnJDaOm。

③ 《中共中央办公厅、国务院办公厅印发〈关于加强中国特色新型智库建设的意见〉》，2015年1月20日，中国政府网，https://www.gov.cn/zhengce/2015-01/20/content_2807126.htm。

④ 《中共中央关于制定国民经济和社会发展第十三个五年规划的建议》，2015年11月3日，中国政府网，http://www.gov.cn/xinwen/2015-11/03/content_5004093.htm。

会员代表大会召开作出重要指示，希望全国党建研究会坚持正确政治方向，发挥党建高端智库作用。

同年5月17日，习近平总书记在哲学社会科学工作座谈会上发表了"5·17"重要讲话，为新时代中国特色哲学社会科学发展定下基调、指明方向、提出要求。"5·17"重要讲话明确提出，要加快构建中国特色哲学社会科学、加强和改善党对哲学社会科学工作的领导。要加强决策部门同智库的信息共享和互动交流，把党政部门政策研究同智库对策研究紧密结合起来，引导和推动智库建设健康发展、更好发挥作用。

2017年2月6日，习近平总书记主持召开中央全面深化改革领导小组第三十二次会议。会议审议通过了《关于社会智库健康发展的若干意见》。会议指出，要坚持用党的理论和路线方针政策引领社会智库建设；拓展社会智库参与决策服务的有效途径，完善社会智库人才政策。

2018年5月28日，习近平总书记在中国科学院第十九次院士大会、中国工程院第十四次院士大会上发表重要讲话，指出要加快建立科技咨询支撑行政决策的科技决策机制，注重发挥智库和专业研究机构作用，完善科技决策机制，提高科学决策能力。

同年，党的十九大报告再次强调，要深化马克思主义理论研究和建设，加快构建中国特色哲学社会科学，加强中国特色新型智库建设。

2020年2月14日，习近平总书记主持召开中央全面深化改革委员会第十二次会议，会议审议通过了《关于深入推进国家高端智库建设试点工作的意见》。会议指出，建设中国特色新型智库是党中央立足党和国家事业全局作出的重要部署，要精益求精、注重科学、讲求质量，切实提高服务决策的能力水平。

2022年4月5日,新版《中国社会科学院职能配置、内设机构和人员编制规定》施行,明确中国社会科学院是"马克思主义的理论阵地""为党中央和国家决策服务的思想库""中国哲学社会科学研究的最高学术机构和全国哲学社会科学综合研究中心"。① 相比过去,中国社会科学院的智库定位提升到第二位。

2022年4月27日,中共中央办公厅印发《国家"十四五"时期哲学社会科学发展规划》。② 该文件提出,要加强中国特色新型智库建设,着力打造一批具有重要决策影响力、社会影响力、国际影响力的新型智库,为推动科学民主依法决策、推进国家治理体系和治理能力现代化、推动经济社会高质量发展、提升国家软实力提供支撑。

2022年5月22日,中共中央办公厅、国务院办公厅印发《关于推进实施国家文化数字化战略的意见》。③ 该文件提出,激活智力智库资源。推进文化数字化相关学科专业建设,建设一批高端智库,加强文化数字化理论和实践研究。用好产教融合平台。

在党中央的战略部署下,全国各地方、各行业、各领域纷纷响应号召,中国特色新型智库的分类发展与良性竞争的新格局日渐成熟。

---

① 《中国社会科学院职能配置、内设机构和人员编制规定》,2022年4月27日,中国机构编制网,http://www.gov.cn/zhengce/2022-04/27/content_5687971.htm。

② 《中共中央办公厅印发〈国家"十四五"时期哲学社会科学发展规划〉》,2022年4月27日,央视网,http://news.cctv.com/2022/04/27/ARTIbXvMJm6RxIbFktQYDa2W220427.shtml。

③ 《中共中央办公厅 国务院办公厅印发〈关于推进实施国家文化数字化战略的意见〉》,2022年5月22日,中国政府网,https://www.gov.cn/xinwen/2022-05/22/content_5691759.htm。

2009年5月,中共广西壮族自治区委员会决定成立自治区决策咨询委员会。2015年,《关于加强广西特色新型智库建设的实施意见》出台。[1]

2015年7月14日,《关于加强湖南新型智库建设的实施意见》印发。[2] 2018年11月20日,中南大学地方治理研究院等单位获湖南省委宣传部首批"湖南省专业特色智库"授牌。[3]

2015年11月6日,《关于加强江苏新型智库建设的实施意见》发布。[4] 同年,江苏省新型智库建设工作推进会召开,公布了首批九家专业化重点高端智库。[5]

截至目前,基于评价研究院开展的实地调研、文献研究和公开检索等,我们发现,至少有28个省(自治区、直辖市)出台了本地新型智库建设的实施意见或办法,其中大部分省(自治区、直辖市)也相应开展了本地重点智库的征集遴选与建设试点工作。

2016年,由国资委研究中心与各中央企业智库自发结成的联盟群体在北京成立,23家中央企业智库单位代表讨论通过了

---

[1] 《关于加强广西特色新型智库建设的实施意见》,2024年8月12日,广西决策咨询网,http://www.gxjczx.gov.cn/news/2166.html。

[2] 《关于加强湖南新型智库建设的实施意见》,2015年7月30日,湖南省人民政府门户网站,http://www.hunan.gov.cn/hnszf/hnyw/zwdt/201507/t20150730_4755791.html。

[3] 《中南大学地方治理研究院获湖南省委宣传部首批"湖南省专业特色智库"授牌》,2018年11月21日,中南大学公共管理学院,https://csuspa.csu.edu.cn/info/1002/2577.htm。

[4] 《关于加强江苏新型智库建设的实施意见》,《新华日报》2015年11月6日。

[5] 《江苏大力推进新型智库建设》,2015年11月16日,全国哲学社会科学工作办公室,http://www.nopss.gov.cn/n/2015/1116/c219544-27820941.html。

《中央企业智库联盟章程》。① 2023年5月，国务院国资委印发了《关于中央企业新型智库建设的意见》，明确要努力建设一批支撑企业、引领行业、服务国家、面向全球的新时代中央企业新型智库，充分发挥咨政建言、理论创新、舆论引导、社会服务、国际合作等重要功能②。

2019年8月13日，科技部等六部门印发《关于促进文化和科技深度融合的指导意见》，提出"加强智库建设和人才培养。建立文化和科技融合决策咨询机制，研究文化和科技融合发展现状、趋势，研判世界文化科技新方向，定期报告国内外文化科技创新动态，提供准确、前瞻、及时的政策建议"。③

2021年8月19日，文化和旅游部办公厅公布首批文化和旅游行业智库建设试点单位，国家图书馆等19家单位位列其中。④

2022年6月10日，国家新闻出版署公布出版智库高质量建设计划2022年度入选机构，共16家机构位列其中。⑤ 2023年7月21

---

① 《中央企业智库联盟在京成立》，2016年5月28日，新华网，http://finance.china.com.cn/roll/20160528/3743666.shtml。

② 《国务院国资委印发〈关于中央企业新型智库建设的意见〉》，2023年5月24日，搜狐网，https://www.sohu.com/a/678542965_100082376。

③ 《科技部等六部门印发〈关于促进文化和科技深度融合的指导意见〉的通知》，2019年8月27日，中国政府网，https://www.gov.cn/xinwen/2019-08/27/content_5424912.htm。

④ 《文化和旅游部办公厅关于公布首批文化和旅游行业智库建设试点单位的通知》，2021年8月19日，中华人民共和国文化和旅游部，https://zwgk.mct.gov.cn/zfxxgkml/kjjy/202108/t20210820_927274.html。

⑤ 《国家新闻出版署关于公布出版智库高质量建设计划2022年度入选机构的通知》，2022年6月10日，国家新闻出版署，https://www.nppa.gov.cn/xxfb/tzgs/202206/t20220610_666338.html。

日，国家新闻出版署公布 2023 年度出版智库高质量建设计划入选机构名单，有 12 家新申报机构入选，同时继续培育此前入选的 15 家出版智库。①

2023 年 1 月 12 日，由东南大学等国内九所理工类著名高校组成的卓越大学智库联盟在南京成立。②

2023 年 2 月 28 日，《中共自然资源部党组关于加强自然资源智库建设的若干意见》发布，明确自然资源智库的主要职责是"开展战略问题研究和公共政策研究，向部党组提出专业化、建设性、切实管用的政策建议"。③

2023 年 3 月 24 日上午，智库人才培养联盟在北京成立。中国科学院科技战略咨询研究院、中国社会科学院信息情报研究院、中国工程院战略咨询中心等 17 家单位被选为"智库人才培养联盟"执行委员会单位。④

综上所述，中国特色新型智库建设的这十年，既是积极学习和总结国外智库优秀经验的十年，更是自主探索实现"特色"、创造"新型"的十年。随着中国特色新型智库走向世界舞台中央，全球智库发展的脉络也变得更加丰富多彩。

---

① 《国家新闻出版署关于公布 2023 年度出版智库高质量建设计划入选机构名单的通知》，2023 年 7 月 21 日，国家新闻出版署，https://www.nppa.gov.cn/xxfb/tzgs/202307/t20230721_728297.html。

② 《卓越大学智库联盟在南京成立 九所理工类高校共建高端智库》，2023 年 1 月 13 日，人民网，http://edu.people.com.cn/n1/2023/0113/c1006-32606011.html。

③ 《中共自然资源部党组关于加强自然资源智库建设的若干意见》，2023 年 2 月 28 日，中华人民共和国自然资源部，http://gi.mnr.gov.cn/202304/t20230413_2781445.html。

④ 《智库人才培养联盟成立大会在京举行》，2023 年 3 月 27 日，中国教育新闻网，http://www.jyb.cn/rmtzcg/xwy/wzxw/202303/t20230327_2111020043.html。

（三）国内外智库评价实践

全球智库的"评价热"与"建设热"总是相伴相生。在国外，由詹姆斯·麦甘（James G. McGann）领衔的美国宾夕法尼亚大学"智库与市民社会项目"课题组（以下简称"TTCSP课题组"）的智库评价研究成果在全球传播超过十年之久。在国内，中国社会科学评价研究院、上海社会科学院智库研究中心、四川省社会科学院、南京大学中国智库研究与评价中心、浙江大学信息资源分析与应用研究中心等机构都单独或联合推出了不同主题的智库评价成果。

1. 全球智库评价

(1) TTCSP

TTCSP课题组从2006年开始探索全球智库的评价机制，开创了以"主观整体印象评价法"进行智库评价的先河，已逐步形成其特有的一套智库评价流程，并定期推出英文版《全球智库报告》（*Global Go To Think Tank Index Report*）。虽然具体评价结果颇具争议，但其仍然是世界范围内传播最广泛的智库评价项目之一。近年来，《全球智库报告》多次对中国智库的整体发展给予肯定性评价。

2019年1月，TTCSP课题组发布了《2018全球智库报告》（*2018 Global Go To Think Tank Index Report*）。在该年度的报告中，中国以507家的智库总量紧随美国（1871家）和印度（509家），成为世界排名第三的智库大国。在除美国之外的世界智库榜单中，中国现代国际关系研究院列居第九位，中国社会科学院排第24位。该榜单前百强智库中还有国务院发展研究中心、全球化智库与上海国际问题研究院等中国智库。

2020年1月，《2019全球智库报告》（2019 *Global Go To Think Tank Index Report*）发布。在该报告中，中国智库的总量及排名均未发生改变，上榜的中国优秀智库名单及其相对排位也几乎没有发生改变。

2021年1月，《2020全球智库报告》（2020 *Global Go To Think Tank Index Report*）发布，这也是TTCSP课题组截至目前公开发布的最后一份报告。报告显示，中国智库数量已经达到1413家，较一年前几乎增长了两倍。中国也成为仅次于美国的第二智库大国。但中国的优秀智库名单及其相对位置仍然几乎没有发生改变。这在一定程度上反映了中国智库的建设热潮与尚未完全迈入"量质齐增"阶段的现状。

2021年11月，TTCSP课题组主任麦甘去世，TTCSP课题组的成果发布也就此中断。

值得注意的是，虽然TTCSP课题组年度《全球智库报告》英文版在全球传播超过十年之久，但其近年来在中国被追捧和炒作的火热程度未曾在历史上或其他国家出现过。从正面来说，这反映出中国智库在建设热潮中寻找他山之石和评价标准的积极性。从负面来说，这也反映出业界、学界和媒体在文化自信和自主知识体系建设方面还需要进一步提升。

事实上，根据我们的长期追踪研究，《全球智库报告》存在诸多问题，其权威性也受到多方的质疑。第一，评价方法欠缺客观性，有待进一步完善。第二，研究力量有待充实。第三，专家遴选机制有待规范化与透明化。第四，报告存在较多漏洞，难以令人信服，尚有许多值得商榷的地方。第五，工作态度不够严谨。第六，《全球智库报告》尚未取得全球范围的普遍认可，其新闻通稿的宣传内容存在不实之处。

(2) 浙江大学信息资源分析与应用研究中心

浙江大学信息资源分析与应用研究中心于2017年12月首度发布了《全球智库排行评价报告（2016）》。该报告在2018年1月被更名为《全球智库影响力评价年度报告》，2019年6月第二次发布。此后，该单位又发布了《全球智库影响力评价报告》2020年、2021年和2022年版本。[①] 该系列报告的特点在于完全基于公开数据进行定量评价并以排名形式呈现评价结果，其评价指标体系包含 R（智库资源）、I（智库影响力）、P（智库公共形象）、O（智库产出）四大模块，其指标权重和建模算法均对外公开。此外，该单位的官方网站还提供了"全球智库榜单TOP100（含分榜单）"和全球智库机构的在线查询功能。

2. 侧重中国智库评价

(1) 上海社会科学院智库研究中心

上海社会科学院智库研究中心自2014年以来，连续发布《中国智库报告——影响力排名与政策建议》。2019年发布的《2018年中国智库报告——影响力排名与政策建议》是该系列报告的第六本，该报告围绕"改革开放40周年与中国智库高质量发展"主题，在广泛收集智库评价信息的基础上，运用多轮主观评价法，分别就中国智库的综合影响力、分项影响力、系统影响力、专业影响力和议题影响力等进行评价与排名。此后，该单位开始淡化智库排名内容，并通过报告副标题来进一步凸显不同的年度主题。2020年和2021年，该单位分别发布了

---

① 相关报告见浙江大学信息资源分析与应用研究中心网站（https://ciraa.zju.edu.cn/publication.html）。

《2019 中国智库报告：国家治理现代化与智库建设现代化》和《中国智库报告（2020—2021）：迈向高质量发展新阶段》。2024 年 7 月 5 日下午，上海社会科学院召开智库高质量发展研讨会并发布《中国智库报告（2021—2023）》。①

值得注意的是，该单位还于 2019 年发布了《2018 全球智库发展报告》。其特色在于，一是不涉及全球智库排名榜单，而是重点聚焦智库最新研究议题内容，尝试从研究内容的角度揭示智库的作用与功能；二是不做笼统的评估评价，而是尝试深入剖析成立时间、人数规模、智库合作交流等明确的数据资料及其背后的智库发展规律。此后该单位未再发布全球智库评价成果。

（2）四川省社会科学院、中国科学院成都文献情报中心

自 2016 年起，四川省社会科学院和中国科学院成都文献情报中心每年联合发布《中华智库影响力报告》，从决策影响力、专业影响力、舆论影响力、社会影响力和国际影响力等方面对中国大陆及港澳台地区的智库进行综合评价和分类分项评价。近年来，该系列报告不仅扩充了评价覆盖的智库数量，同时还深化了对于智库发展规律与趋势的分析。譬如，《中华智库影响力报告（2019）》指出，韧性是 2018 年中国智库高质量发展的重要特征；《中华智库影响力报告（2020）》则凸显了对中国智库"强价值""强关系""强自身"的关注。其最新结果是 2022 年发布的《中华智库影响力报告（2021）》。② 此后，四川省社会科学院已明确不再继续开展该项目及报告的撰写发布。③

---

① 《上海社会科学院召开智库高质量发展研讨会暨〈中国智库报告（2021—2023）〉发布会》，2024 年 7 月 12 日，上海社会科学院智库研究中心，https://ctts.sass.org.cn/2024/0711/c3833a572231/page.htm。

② 《中华智库影响力报告》，中华智库研究中心，2022 年 7 月。

③ 经内部调研访谈知悉。

（3）南京大学中国智库研究与评价中心、光明日报智库研究与发布中心

南京大学中国智库研究与评价中心、光明日报智库研究与发布中心于2016年联合推出"中国智库索引"（CTTI），为智库评价研究提供了重要的大数据支撑。该项目通过智库自主填报方式收集了M（治理结构）、R（智库资源）、P（智库成果）、A（智库活动）等方面的信息，从而汇集成MRPA智库效能测评指标体系。近年来，该项目不断增补来源智库名单，同时更加关注I（智库媒体影响力），其指标体系也从MRPA扩充为MRPAI。以"中国智库索引"（CTTI）为依托，两家单位曾分别于2019年和2020年联合发布《CTTI智库报告（2018）》与《CTTI智库报告（2019）》。2023年，南京大学中国智库研究与评价中心推出了《CTTI智库报告（2022）》。[1]

除了前文提及的国内专门从事智库评价并连续多年发布报告的单位，其他一些科研机构和媒体也曾发布过相关的研究成果，全球范围内的不少智库、智库主管方和智库联盟也会组织周期性的内部评价，此处不再赘述。

3. 智库评价的体系化建设

智库评价的"百家争鸣、百花齐放"无疑是学界期待的繁荣景象，但"各引一端、崇其所善"也不可避免地在一定程度上带来了知识碎片化、重复劳动和认知混乱等各类不良影响。因此，智库评价的体系化建设十分重要且迫在眉睫。

---

[1] 《2023新型智库治理论坛新书发布辞》，2024年1月3日，南京大学中国智库研究与评价中心，https://cttrec.nju.edu.cn/cn/zxdt/zxzx/20240103/i257015.html。

在智库评价的体系化建设方面，中国社会科学院直属的中国社会科学评价研究院（以下简称"评价研究院"）是国内唯一一家同时从事全球智库评价与中国智库评价的研究机构，既是智库评价工作的"国家队"，也是推动智库评价体系化建设的"主力军"。

评价研究院自成立以来，积极参与构建中国特色哲学社会科学的评价体系，参与制定国际学术评价标准，争取学术评价的国际话语权。从全球智库评价到中国智库评价、从国家高端智库评价到各类型智库评价、从智库综合评价到智库成果与人才评价等，坚持"以评促建、以评促改"的宗旨和"公平、公正、公开"的原则，构建智库综合评价指标体系，系统性地推进智库评价研究与建设工作，形成了互相补充、环环相扣的智库评价工作体系，连续推出了一系列具有原创性和实用性的智库评价研究成果。

2021年，评价研究院自主研创的国家标准《人文社会科学智库评价指标体系》（GB/T 40106—2021）于5月21日在国家标准委正式发布，于12月1日正式实施。以此为标志，中国的智库评价已经迈出了敢于、善于打破西方学术评价霸权、构建评价自主知识体系的坚实步伐。

2014年，评价研究院的前身中国社会科学院中国社会科学评价中心首次启动了全球智库评价研究项目，并于2015年发布了《全球智库评价报告（2015）》，这是首份由中国研究机构对全球智库发展情况作出的评价与排名。该报告从智库的界定、智库评价方法的对比分析、"全球智库综合评价AMI指标体系"、全球智库评价的过程与排行榜、基于全球视角构建中国特色新型智库五个方面进行了研究与阐释，具有评价指标注重定性定量相结合、指标体系设计契合智库工作流程、指标覆盖面广、充分发挥专家群体和第三方评估作用等鲜明特点。该报告荣获中国社会科学院 2015 年度创新工程重大成果奖、中国社会科学评价研究院 2016—2018 年度优秀科研成果一等奖，获评 2016 年度中国社会科学院国家智库报告优秀报告，报告发布入选 2015 年度全国智库界十大事件。

第二轮全球智库评价研究项目的成果集中体现于《全球智库评价研究报告（2019）》。报告基于多渠道智库调研数据，遴选美国、英国、日本等五个国家和非洲、拉美等六个地区的智库，运用"全球智库综合评价 AMI 指标体系"进行案例研究，以"一带一路"倡议为切入点，从吸引力、管理力、影响力三个维度系统分析代表性案例智库的特色化发展及其动因，多方位展现出不同地域、不同政策环境下的智库发展特点，进一步深化对全球智库发展规律普遍性和特殊性的认识与把握。报告还立足中国国情，结合中国特色新型智库的建设实践与现实需求，科学客观地借鉴他国智库建设经验，为推进中国智库的高质量发展提供有益的参考。

评价研究院以四年为一个周期，在完成两轮全球智库评价研究项目后，于 2022 年 6 月启动了第三轮全球智库评价研究项目，不断更新完善"全球智库综合评价 AMI 指标体系"，扩充更新"全球智库数据库""全球智库专家库"，组织开展主题论坛凝聚评价共识，为深入开展第三轮全球智库评价研究工作奠定了基础。

二　项目概述

《全球智库评价研究报告（2019）》问世至今，世界百年未有之大变局深度演进，全球智库与全球治理也发生了剧烈而复杂的重要变迁。具体而言，2019—2023 年，全球智库发展呈现增速趋缓、财政情况恶化、新兴领域崛起、意识形态极化、南方智库合作等值得关注的趋势。更为重要的是，全球智库参与全球治理的使命与行动也以前所未有的方式不断展开。

在全球视野下，课题组积极响应全球发展倡议、全球安全倡议、全球文明倡议的号召，原创性地聚焦全球能源、环境、文化三个领域的智库开展评价研究。本书是中国社会科学评价研究院第三轮全球智库评价研究项目的主要成果，得到了评价研究院内外领导同志和专家学者的大力支持。

（一）项目执行

1. 数据支撑

自成立以来，评价研究院一以贯之地重视数据库的建设、维护与应用，同时也充分汲取内外部专家的经验与智慧。在既往两轮全球智库评价研究项目与两轮中国智库评价研究项目及其他活动与成果的积累之上，课题组通过多种渠道和方式全面更新和升级了全球智库数据库与专家库。

在数据库方面，课题组首先整合、梳理、清洗、更新了在库的1671家国外智库数据和1457家中国智库数据。在此基础上，课题组比对了宾夕法尼亚大学《全球智库报告》（2008—2020年）中提及的4412家全球智库数据，同时比对了On Think Tank平台收录的3738家全球智库数据，另外还比对了《中国特色新型智库高质量发展实践——中国智库报告（2018—2020）》《CTTI智库报告》《全球智库影响力评价报告2021》等报告公开发表过的智库数据。

此外，课题组还基于历次调研与会议形成的纪要，补充收录了若干家智库的相关数据。最终形成覆盖5115家机构的全球智库数据库。

在专家库方面，课题组首先整合、梳理、清洗、更新了在库的1108位专家的相关信息。在此基础上，通过调研访谈、会议交流及专家推荐等多种方式，不断拓展专家网络。最终形成包含2484位专家的全球智库专家库。

2. 评价过程

（1）完善"全球智库综合评价AMI指标体系（2023）"

评价研究院于2015年自主研创的"全球智库综合评价AMI指标体系"是贯穿评价研究院全球智库评价工作的核心方法论。课题组结合全球智库不同时期的发展环境和建设情况，对指标体系不断进行更新和完善。在第三轮全球智库评价研究项目中，课题组在前期研究系统梳理全球智库发展概况的基础上，挖掘全球智库近四年发展、运行的规律和特点，并总结现存的问题及成因。基于此，课题组对"全球智库综合评价AMI指标体系"进行了更新完善，形成"全球智库综合评价AMI指标体系（2023）"（见

表 2.1)。该指标体系的设计具有模块化适配功能,课题组根据最终确定的评价主题进行相应调整。

表 2.1　　全球智库综合评价 AMI 指标体系（2023）

一级指标	二级指标	三级指标	四级指标
吸引力	声誉吸引力	同行评议	决策声誉
			学术声誉
		历史美誉	存续时长
	人才吸引力	人员规模	专职工作人员
			兼职工作人员
		人才培养	研究生学位授予资格
			进修机会和平台
		待遇	研究人员待遇
			管理人员待遇
	资金吸引力	资金来源	多元化
		资金值	充裕度
	环境吸引力	数据库	自建数据库
			外购数据库
		馆藏文献	丰富度
		办公条件	独立办公场所
		人员支撑	科研辅助人员配置
管理力	战略	顶层设计	系统性规划
			专业化建设
	结构	规章制度	制定情况
			执行情况
		组织规范	机构独立性
			部门完整性
	系统	规范化管理	保密管理
			流程管理
			客户关系管理
		信息化管理	电子化办公系统

续表

一级指标	二级指标	三级指标	四级指标
管理力	人员	素质	研究人员素质
			管理人员素质
		结构	梯队化
			多元化
			国际化
		产出能力	学术成果产出能力
			咨政成果产出能力
	风格	文化理念	清晰明确
	共同价值观	导向管理	内部人员认可度
	技能	研究方法	专业性
			科学性
			前沿性
		创新能力	理论创新能力
			实践创新能力
影响力	政策影响力	咨政方式	委托研究
			政策咨询
			参与政策制定
			咨政报告
			咨政类定期出版物
		成果转化	政策采纳
			实践应用
		决策者关系	人员流动
			干部培训
	学术影响力	学术成果	论文
			著作
			研究报告
			定期出版物
		学术活动	举办国内学术会议
			学术会议发声

续表

一级指标	二级指标	三级指标	四级指标
影响力	社会影响力	传统媒体	发表观点
			获得报道
		新媒体	发表观点
		社会责任	公益活动
			社会宣讲
		国内网络	国内分支机构
		官方网站	网站内容
			网站更新频率
			网站年点击量
		信息公开	开放获取
			信息推送
	国际影响力	支持外交工作	支持国家重大外事活动
		国际会议	举办国际会议
			国际会议发声
		国际合作	国际合作成果
			国际合作项目
			国际合作机构
		国际人才流动	国际/地区组织任职
			国外研究机构任职
			人员交流
		国外媒体	发表观点
			获得报道
		国际网络	国外分支机构
			网络链接
		外语应用	多语种研究成果
			国外出版发行
			多语种网站

资料来源：课题组研制。

（2）评价领域拟定

课题组通过分析研究国内外文献和近年来全球智库发展趋势以及国际上的热点议题，以能源、环境、文化、政治外交、信息网络、海外利益、经济金融等作为全球智库评价研究的备选领域。随后，课题组集中对区域国别研究单位开展走访调研，同相关领域专家进行深入交流探讨，充分了解以上领域开展全球智库评价研究的可行性和公开信息的可获取性。特别地，在全球发展倡议、全球安全倡议、全球文明倡议的背景下，课题组综合考虑议题之于中国和全球的重要意义与数据可采可比的客观条件后，选定能源、环境、文化三个领域进行深入具体的全球智库评价研究，以期通过此轮评价研究项目对中国特色新型智库的发展提供助力。

（3）国内外文献研究

首先，深入学习贯彻党的二十大报告与习近平总书记关于中国特色新型智库系列重要论述及指示批示精神。党的二十大报告明确提出"世界百年未有之大变局加速演进"和"世界进入新的动荡变革期"的时代背景，宣告了"中国始终坚持维护世界和平、促进共同发展的外交政策宗旨，致力于推动构建人类命运共同体"的对外主张，深刻分析了新时代中国与大国、周边国家、发展中国家等外部世界关系的新特点，并提出中国积极参与全球治理体系改革和建设的行动原则和路径，这为我们思考全球智库评价应处理的重点国家与重点领域等提供了方向性指引。

其次，比较分析全球智库研究文献。课题组广泛检索获取并阅读近年来国内外关于全球智库研究的文献，主要包括国内外已发布的全球智库评价报告、全球智库研究论文及专著，对比总结已有研究中对全球智库的区域国别、议题领域的划分与评析。

（4）专家调研座谈

首先，区域国别调研及研究座谈。在专家调研座谈中，课题组首先基于对国内外文献的综合深入研究及自主研创更新的"全球智库综合评价AMI指标体系（2023）"，进一步了解近年来不同区域国别范围内智库发展的现状、特色、趋势等，同时就课题组在前期调研中发现的问题和疑惑进行专家咨询，听取各区域国别研究专家对能源、环境、文化领域智库研究的意见与建议。课题组在梳理区域国别研究相关单位后，在全国范围内积极开展实地调研和座谈，走访了中国社会科学院欧洲研究所、世界经济与政治研究所、美国研究所、拉丁美洲研究所、日本研究所、俄罗斯东欧中亚研究所、西亚非洲研究所/中国非洲研究院、亚太与全球战略研究院，以及北京外国语大学区域与全球治理高等研究院、外交学院亚洲研究所、上海外国语大学中东研究所、浙江师范大学非洲研究院等单位。此外，课题组还就区域国别和全球智库等议题召开学术研讨会，邀请各领域、各类型智库及相关单位召开多场专家研讨会，如"区域国别研究视角下的智库建设与智库评价"主题研讨会、"全球治理视野下的智库评价研究"青年学者研讨会、"中国媒体眼中的全球智库"研讨会等。

其次，细分专题领域调研及研究座谈。课题组了解了近年来值得重点关注的智库研究领域，并召开多次线下专家咨询会，以及通过线上会议、电话邮件等咨询方式与不同领域专家、不同国别的具体领域研究专家进行深入研讨，特别是关注能源、环境、文化三个领域的国内外智库参与全球治理的情况。课题组先后赴中国石油集团经济技术研究院（国家高端智库研究中心）、中电碳中和发展研究院、中国社会科学院生态文明研究所、生态环境部环境规划院、中央社会主义学院（中华文化学院）、中国藏学研究中心、江苏紫金传媒智库、道德发展智库、国家记忆与国际和平研究院等单位开展调研座谈，并召开"全球治理与中国智库高质量发展论坛"。

（5）**样本智库遴选与评价**

课题组严格遵循以下四项原则对样本智库进行严格审核和遴选。

原则一，课题组对智库的界定为"智库就是通过自主的知识产品对公共政策的制定产生影响的组织"。因此，在智库遴选的过程中，对国际组织、自我定位并非智库的公司、院系、小组、无意影响公共政策的研究机构、不成组织的倡议与网络、重行动轻研究的各类组织，不列为第三轮全球智库评价研究项目的评价对象。

原则二，课题组囿于客观条件限制，主要依据各机构官方网站公开可采的资料及调研座谈获取的资料进行评价。因此，信息可见度低、信息可采度不完整，通过公开渠道无法获取充足数据信息的机构，不列为第三轮全球智库评价研究项目的评价对象。

原则三，课题组对于在信息收集、核查及专家评审过程中发现存在意识形态风险或学术不端等问题的机构，不列为第三轮全球智库评价研究项目的评价对象。

原则四，课题组通过样本智库遴选、第一轮书面评审、专家会审、样本智库增补、第二轮书面评审五个步骤推进完成第三轮全球智库评价工作。

步骤一：样本智库遴选。课题组基于评价研究院自有全球智库数据库中的5115家机构信息，结合既有研究成果，根据议题相关性与智库活跃度等因素进行遴选。课题组分别遴选了201

家能源智库、391家环境智库、166家文化智库进入第三轮全球智库评价样本池。课题组对这些样本智库开展持续深入的信息收集与评价研究，逐一核查智库官方网站建设及运营情况、研究方向是否与拟定领域有较高的相关度、最新的研究成果、智库主要专家等内容。

步骤二：第一轮书面评审。课题组从自建专家库中遴选出956位相关专家发放了书面评阅表，邀请专家从吸引力、管理力、影响力三个维度对样本池中的智库进行打分并进行信息勘误与补充推荐。其中，290位专家因时间冲突等原因未能完成评阅。课题组最终收到324位专家反馈的643份评阅表。根据专家反馈的信息勘误与建议，课题组剔除了在智库属性、研究领域与意识形态等方面存在争议的样本机构，同时汇总增补了经过核实的专家新推荐样本智库。至此，能源智库、环境智库和文化智库的样本池相应调整为171家、372家和239家，以供进一步研究和评审。

步骤三：专家会审。课题组从样本池中进一步遴选出39家能源智库、49家环境智库、30家文化智库进入会审阶段。课题组邀请的会审专家包括涵盖了从事研究、管理、运营等工作的智库内部人员，从事智库评价或智库研究的相关人员，智库的上级管理方、用户方、委托方，在媒体、出版机构中从事与智库相关工作的人员等多种身份，专家的研究领域囊括了能源、环境、文化及区域国别与全球治理。

步骤四：样本智库增补。课题组根据专家会审的意见与建议，对三个领域的智库进行了再次核查，更加深入地查找了机构相关信息，多次向有关专家咨询，并进行了相应的增补和删减。

步骤五：第二轮书面评审。课题组再次组织相关领域专家对完善后的样本智库名单开展评审，同时根据专家评审意见展开研讨。最终，课题组与会审专家研讨并达成共识，评选出了"需要关注的能源智库"34家、"需要关注的环境智库"48家、"需要关注的文化智库"21家。

（二）探索创新

创新点一：课题组首次结合具体领域开展全球智库评价研究工作，充分挖掘并发挥了"全球智库综合评价AMI指标体系（2023）"模块化、灵活性的特点与功能，凸显该指标体系的导向作用。

创新点二：课题组创新性地突破了评价研究的时空局限性，充分运用自有专家库的专家能量，发挥大兴调查研究的精神，咨询了上百位专家意见，在实地走访国内上百家单位的同时，赴多个国家开展智库实地调研访谈，获取大量宝贵的一手资料。

创新点三：课题组首次打破先问卷后评审的线性推进流程。根据项目推进需要随时开展线上线下咨询，配合召开学术论坛，从多角度广泛听取专家意见，在项目推进的前、中、后段分别召开不同领域、不同议题的专家研讨会。课题组秉持严谨作风，首次将多轮书面评审与专家会审相结合，反复论证不同视角下的专家意见与建议，力求评价结果的严谨客观。

基于"以评促建、以评促改"而非单纯排名的宗旨，结合上述遴选过程与结果，我们将在下面的章节对"需要关注的能源/环境/文化智库"展开进一步的评价研究，以期探索全球智库发展的一般规律与特殊规律，为中国特色新型智库高质量发展建言献策。

三 能源智库*

自从化石能源替代薪柴成为人类生产生活的主要能量来源以来，能源的开采、贸易、投资、定价、消费等逐渐发展为塑造世界经济模式与国际关系样貌的重要动力。① 同时，能源所具有的开采集中性、设施专用性、价格异动性、排放高碳性等特质，以及由此引发的大量复杂棘手的全球性问题也急需国际社会应对治理。由此，全球能源治理不仅与能源公司的发展运营、绩效营收息息相关，而且得到了学术界的长期关注与持续讨论，近年来更是被置于主权国家政府与国际组织政策视域的核心议程之中。

然而，全球能源治理目标的实现和进程的推动并非一蹴而就，相反其面临诸多严峻的挑战，并且高度依赖相关行为体的统筹协调与通力协作。② 在参与全球能源治理的诸多行为体中，智库扮演了不容忽视的角色，有所侧重地发挥了态势感知、信息收集、数据演算、局势分析、对策提出、议程设定等多项重要作用。当前已有多个能源智库脱颖而出，成为向全球能源治理提供智力支持的领军旗

---

* 本部分作者为北京外国语大学国际关系学院讲师宋亦明。

① ［加］瓦茨拉夫·斯米尔：《能量与文明》，吴玲玲、李竹译，九州出版社2021年版，第127—390页。

② 张建新：《能源与当代国际关系》（第二版），上海人民出版社2016年版，第85—135页。

手。在全球能源治理全面推进、可持续发展议程逐渐明晰的背景下，了解全球重要能源智库的基本情况，把握其主要特点，分析其优势及成因，发掘其启示和教益显得尤为重要和紧迫。

基于此，本部分从四个方面把握全球能源治理领域智库及其特点。首先，明确全球能源治理的主要目标和挑战，进而阐释全球能源治理的意义。其次，介绍智库在参与全球能源治理过程中应该发挥的作用。再次，基于"全球智库综合评价AMI指标体系（2023）"，对能源智库进行评价分析，最终呈列出需要关注的能源智库。最后，结合需要关注的全球能源智库建设经验和发展特色，阐明当前中国能源智库建设的可能突破方向。

（一）全球能源治理的意义

尽管对能源事务的关注能够追溯至第一次工业革命之初，但是能源治理明确被视为一项全球性的议程则肇始于20世纪70年代。此后，随着与能源相关的安全问题、效率问题、排放问题等迅速凸显，加之能源事务的政治属性和战略属性明显增强，全球能源治理的范畴变得更加丰富、其目标也更加多元。[1] 尽管当前对于全球能源治理的概念范畴及议题边界的讨论仍无共识，但总体而言，推动全球能源治理至少具有四个重要意义。[2]

第一，保障能源供应侧和需求侧的安全。由于能源对国家的经济运转和政治安全至关重要，其蕴含的价值早已超越了普

---

[1] 宋亦明：《全球能源治理》，载江涛等《全球化与全球治理》，时事出版社2017年版，第138—141页。

[2] Benjamin K. Sovacool and Ann Florini, "Examining the Complications of Global Energy Governance", *Journal of Energy & Natural Resources Law*, Vol. 30, No. 3, 2012, pp. 235-263；马妍：《全球能源治理变局：挑战与改革趋势》，《现代国际关系》2016年第11期。

通商品进而被视作一种"战略商品"。① 因此长期以来，保障能源供应的安全性成为各能源公司、主权国家政府、国际组织最为关切的议题，该议题同时也是全球能源治理最为核心和根本的目标。对于能源进口国和进口商而言，保障其能源供应侧的局势稳定和运输通道通畅至关重要；同样对于能源出口国和出口商而言，保障其能源需求侧的稳定也不容忽视。然而，能源主要产区因为政治运动、武装冲突而出现的局势动荡，能源运输通道因为海盗、自然灾害等受到的阻塞和破坏，特定国家基于其军事优势和对地区局势的介入能力而影响其他国家的能源安全形势，等等，这些都会对全球能源治理中保障能源安全目标的实现增添不确定性。②

第二，稳定能源价格处于温和适中的区间。相较于其他商品，能源价格的波动非常明显。一方面，肇始于石油期货市场在纽约和伦敦分别设立，20世纪80年代出现了一轮国际能源定价金融化浪潮。此后，即便是实际交易的能源合同价格也由买卖双方基于国际能源期货牌价升水或贴水后确定。由于期货及其衍生品交易往往会在分钟级别的时间精度内完成并且价格无上下限，这使国际能源价格在短期内经常性地出现偏离其价值与合理价格水平的剧烈波动。③ 另一方面，能源的价格还受到诸多非市场因素的

---

① 宋亦明：《国家维护能源安全手段的选择逻辑：产权制度的视角》，《国际安全研究》2020年第1期。

② Jeff D. Colgan, "Oil and Revolutionary Government: Fuel for International Conflict", *International Organization*, Vol. 64, No. 4, 2010, pp. 678–691；张建新：《21世纪的国际能源安全问题》，《国际安全研究》2013年第6期；徐建山：《论油权——初探石油地缘政治的核心问题》，《世界经济与政治》2012年第12期。

③ Robert O. Keohane, "The Old IPE and the New", *Review of International Political Economy*, Vol. 16, No. 1, 2009, p. 41.

影响。由政治和军事原因导致的能源供应国国内失稳、能源通道断行或管道受阻等都会造成国际能源市场的动荡。由于上述阴影挥之不去，国际能源市场呈现"持久的脆弱性"。① 此外，诸如极端天气、库存变动、新的能源储量发现等都会造成能源价格的波动，甚至这种波动有时非常剧烈且完全不可预测。② 因此，降低能源价格的异动性，将价格稳定在供应方能持续获利、需求方能承受的适中范围内成为全球能源治理的重要目标之一。

第三，推动清洁能源转型以减缓气候变化的负面影响。工业革命以来，化石能源燃烧所带来的温室气体排放已经成为气候变化的主要诱因。③ 自20世纪90年代起，应对气候变化、推动清洁能源转型已经成为国际社会关注的重要议程，近年来该议程往往还被置于能源政治研究和能源治理实践的核心范畴。即便到2021年，化石能源在全球一次能源结构中所占的比重仍然高达82%，燃烧能源所释放的二氧化碳排放量仍然维持在339亿吨的历史高位。④《联合国气候变化框架公约》和《巴黎协定》的签订执行仍然不足以实现控碳、控温的目标。为了减缓气候变化带来的多种负面影响，清洁能源转型在全球治理中将会被给予更多的重视。

第四，推动能源技术进步并实现技术推广和商业化。相较

---

① Michael Levi, "The Enduring Vulnerabilities of Oil Markets", *Security Studies*, Vol. 22, No. 1, 2013, pp. 132-138.

② Jeffrey Frankel, "The Natural Resource Curse: A Survey", in Brenda Shaffer and Taleh Ziyadov, eds., *Beyond the Resource Curse*, Philadelphia: University of Pennsylvania Press, 2012, pp. 26-27.

③ Tamma Carleton, Solomon Hsiang, "Social and Economic Impacts of Climate", *Science*, Vol. 353, No. 6304, 2016, pp. 1112-1127.

④ "BP Statistical Review of World Energy (2022)", https://www.bp.com/content/dam/bp/business-sites/en/global/corporate/pdfs/energy-economics/statistical-review/bp-stats-review-2022-full-report.pdf.

于工业革命早期以开采为主要活动的产业样貌，当前技术研发和能源加工成为该产业最主要的活动和发展动力。其中，技术研发对提高能源效率、保障能源安全、推动清洁能源转型等其他全球能源治理目标的实现尤为关键。譬如，储能技术、智能电网、特高压、行波堆、碳捕捉与封存等的研发投运明显重塑了能源产业的形态。然而，技术研发只是第一步，如何降低能源新技术的使用成本、加速其对传统能源技术的替代、推动新技术在其他国家的扩散使用更显重要。因此，主要大国和国际组织都将推动能源新技术的扩散和商业化作为重要的政策议程，这也在很大程度上影响了未来全球能源治理的绩效。

上述目标的实现绝非坦途，其主要原因在于参与全球能源治理的各行为主体至少面临三方面的现实性挑战。其一，在信息不对称和不完全的情况下，无法实现对全球能源事务的准确研判。信息不对称和不完全增加了行为主体之间的交易成本、提高了集体行动的协调门槛、增加了彼此之间互动的复杂性。[①]实际上，无论是能源市场的交易、能源技术的研发、能源政策的实施还是能源治理行动的协调，都是在信息不对称和不完全的情况下开展的。在此情形下，各行为主体对能源事务的认知和判断与真实的情况会不可避免地出现偏差。由此经常会导致诸如能源投资滞后或过剩、能源固定资产建设不足或浪费、能源技术平行研发重复和浪费、不同国家所实施的目标相反的能源政策相互掣肘，等等。

其二，在主体利益多元甚至相冲突的情况下，无法形成全球能源治理议程和对策的统一共识。由于能源并非一般的商品而是战略商品，能源事务的参与者并不局限于市场上的供应厂

---

① ［美］罗伯特·基欧汉：《霸权之后：世界政治经济中的合作与纷争》，苏长和等译，上海人民出版社2001年版，第93—97页。

商和需求厂商。相反，主权国家政府、国际组织、科研机构等都在深度介入能源事务。不同的主体具有多元性、竞争性甚至互斥性的利益诉求，而这又使不同主体站在其各自的视角审视能源政策的制定和全球能源治理的议程。最终导致的结果是全球能源治理在组织上呈现"碎片化"，在议程和政策的方向上也明显缺乏共识性。①

其三，在"集体行动的困境"下，无法有效开展全球能源治理的集体行动。推动实现全球能源治理目标的过程也是提供公共物品的过程，在这一过程中必然会存在"搭便车"问题和"集体行动的困境"。在全球能源治理领域，并不存在"声势显赫的行为体"（High-Status Actors）提供公共物品；同样因为上述两方面挑战的影响，高质量集体行动的实现也基本无从谈起。② 另外，一个不容忽视的原因在于当前关于能源的高质量信息、数据、分析报告等严重不足，远不足以满足为集体行动的开展提供统一、科学、权威的智识基础。总之，以上三方面的现实性挑战直接制约全球能源治理目标的实现，亟待各个主体的关注和管控。

（二）智库如何参与全球能源治理

作为全球能源治理的重要参与者及智识贡献的主体，为了帮助实现应对上述三方面的现实性挑战、实现全球能源治理的重要

---

① Thijs Van de Graaf, "Fragmentation in Global Energy Governance: Explaining the Creation of IRENA", *Global Environmental Politics*, Vol. 13, No. 3, 2013, pp. 14-33.

② Richard W. Mansbach, John A. Vasquez, *In Search of Theory: A New Paradigm for Global Politics*, New York: Columbia University Press, 1981, pp. 96-103.

意义，智库在全球能源治理的进程中需要发挥六大方面作用。①

第一，能源态势感知。全球能源治理建立在对能源生产规模、生产成本、贸易规模、运输成本、消费规模、投资情况、固资使用率、技术前沿、政策绩效等与能源相关的各方面事务及其具体态势的正确感知的基础上。因此，在参与全球能源治理的过程中，智库首先需要回应"是什么"的问题，即与能源相关的各方面事务及其具体态势是怎样的。因此，态势感知是智库参与全球能源治理需要发挥的最基础的作用。

第二，能源信息收集。服务于决策、对公共政策的制定产生影响是智库的核心功能。② 而政策制定高度依赖信息的收集，如何快速、准确、不遗漏地收集信息是智库建设的重要考量。信息爬取、自然语言处理和算法的迭代升级已经为海量信息收集奠定了基础。在这些技术的加持下，智库能够实时抓取并识别新闻媒体的报道、能源公司和能源监管部门的网站中与能源相关的重要信息。另外，不具有时效性的信息同样是政策制定的重要参考，因此准确全面地收集并条分缕析地呈现这些信息同样具有重大意义。目前，美国能源信息署和中国科学院先进能源科技战略情报研究中心较好地发挥了信息收集者的作用。

第三，能源数据演算。数据是信息的重要子类，但相比其他类型的信息，数据（特别是经过模型分析演算出的数据，即参数）更为关键也更具有分析价值。在学理层面，无论是在能源工程还是能源经济的范畴内，对能源事务的讨论和分析都是

---

① 智库所需要扮演的角色主要参考了"智库罗盘"并有所调整更新。参见荆林波等《全球智库评价报告（2015）》，中国社会科学出版社2016年版，第44页。

② 荆林波等：《全球智库评价报告（2015）》，中国社会科学出版社2016年版，第5页。

高度量化的。在现实层面，能源的贸易、投资、生产、研发与数据息息相关。因此，相比自然语言对能源事务相对模糊的描述分析，数据对能源问题能够提供更为精准、更具预测性的讨论。这些参数对于相关部门制定能源政策、准备气候谈判材料等均具有不可估量的价值。然而，数据的演算和参数的提供不仅依托强大的数据收集能力，也需要较强的模型构建与数理分析能力，因此具有很高的技术门槛。

第四，能源局势分析。态势感知、信息收集和数据演算均服务于对局势的分析。智库需要借助前期的感知和积累作出关于局势的基本判断、分析其成因、探讨其特点、厘清多种利益攸关方、预测潜在的影响。在此基础上，智库往往会提供分析报告、内参或评论。譬如中国石油集团经济技术研究院发布的《2050年世界与中国能源展望》、世界能源理事会发布的年度报告《世界能源三难困境指数报告》，等等。① 可以说，局势分析是智库在参与全球能源治理中所要发挥的最重要的作用之一。

第五，能源对策提出。在局势分析的基础上，智库往往还需要提出相应的应对策略。然而，全球能源治理的复杂性、能源事务的高度专业性及前述三方面的现实性挑战都大幅提高了对策提出的门槛。习近平总书记指出，"实现碳达峰碳中和，不可能毕其功于一役"。② 同样，实现全球能源治理目标需要更长

---

① 《〈2050年世界与中国能源展望〉报告认为——清洁能源成我国新增能源主体》，2017年8月19日，中国政府网，http://www.gov.cn/xinwen/2017-08/19/content_5218826.htm；"World Energy Trilemma Index 2022", World Energy Council, https://www.worldenergy.org/publications/entry/world-energy-trilemma-index-2022。

② 习近平：《坚定信心 勇毅前行 共创后疫情时代美好世界——在2022年世界经济论坛视频会议的演讲》，人民出版社2022年版，第11页。

的时间周期，因此相关的对策往往并不追求时效性，而是强调实用性和可行性。

第六，治理议程设定。相比被动和应激式地进行局势分析并提出相应对策，主动且全局性地设定议程往往更具前瞻性和引领性。全球能源治理的上述第二方面的现实性挑战（在主体利益多元甚至相冲突的情况下，无法形成全球能源治理议程和对策的统一共识）更是急需宏观的议程设置来加以应对。能否设定全球能源治理的议程也是区别该领域引领性智库和其他智库的重要标准之一。

（三）需要关注的能源智库

1. 整体图景

在参与全球能源治理的过程中，已有数十个智库脱颖而出，继而成为该领域的领军旗手。本节旨在梳理这些需要关注的能源智库，并且呈现其中更具代表性的智库的基本情况。

课题组基于"全球智库综合评价AMI指标体系（2023）"，结合能源智库及其参与全球能源治理的特点开展评价研究，具体而言，重点关注以下三个方面。①在吸引力方面：具有上佳的历史口碑与同行赞誉；持续吸引具有扎实能源相关专业背景的学者、政策制定者、企业高层领导成为内外部专家；拥有多元且稳定的资金来源；具备能够支撑研究的办公场所与数据资料。②在管理力方面：发展规划明晰且与全球能源体系的演进方向高度契合；具有良好的治理结构与管理体系；科研团队具有一定的规模，团队成员具有较好的国际化背景；能够运用前沿科学的分析方法测算能源生产成本、追踪贸易变动、评估政策影响、预测特定能源参数的发展趋势。③在影响力方面：发布能源统计年鉴、年度分析报告及中长期能源展望等具有影响力的研究成果；设置全球能源治理议程，塑造主权国家政府与国际组织的能源政策偏好；影响各国民众对清洁能源转型等的认知。

课题组从中国社会评价研究院全球智库数据库中遴选出 201 家能源样本智库进入评审样本池，经过第一轮书面评审、专家会审、样本智库增补、第二轮书面评审等多个评价环节，对上述能源样本智库进行更为严苛的筛选进而可得"需要关注的能源智库"名单。遵循上述标准及操作过程，最终遴选出全球 34 家"需要关注的能源智库"，包含 11 家国内智库与 23 家国外智库，具体名单如表 3.1 所示。

表 3.1　　　　　　　　　　需要关注的能源智库

中文名	原文名	缩写	总部所在国家
能源环境研究中心	Forschungszentrum für Energie und Umwelt（TU Wien）	—	奥地利
Agora 能源转型论坛	Agora Energiewende	—	德国
基尔世界经济研究所全球公域和气候政策研究中心	Forschungszentrum Global Commons Und Klimapolitik, Kieler Institut für Weltwirtschaft	IFW	德国
韩国能源经济研究所	에너지경제연구원	KEEI	韩国
阿斯彭研究所	The Aspen Institute	—	美国
哥伦比亚大学国际与公共事务学院全球能源政策中心	Center on Global Energy Policy at Columbia University, School of International and Public Affairs	CGEP	美国
哈佛大学肯尼迪学院贝尔弗科学与国际事务中心	Belfer Center for Science and International Affairs, Harvard Kennedy School	—	美国
环境和能源研究所	Environmental and Energy Study Institute	EESI	美国

续表

中文名	原文名	缩写	总部所在国家
加利福尼亚大学戴维斯分校能源与效率研究所	The Energy and Efficiency Institute at UC Davis	UC DAVIS EEI	美国
莱斯大学詹姆斯·贝克三世公共政策研究所	Rice University's Baker Institute for Public Policy	—	美国
麻省理工学院能源与环境政策研究中心	MIT Center for Energy and Environmental Policy Research	CEEPR	美国
美国能源部能源信息署	U.S. Energy Information Administration	EIA	美国
未来资源研究所	Resources for the Future	RFF	美国
公益财团法人地球环境战略研究机构	公益財団法人地球環境戦略研究機関	IGES	日本
国立研究开发法人产业技术综合研究所	国立研究開発法人産業技術総合研究所	AIST	日本
一般财团法人日本能源经济研究所	一般財団法人日本エネルギー経済研究所	IEEJ	日本
株式会社野村综合研究所	株式会社野村総合研究所	NRI	日本
阿卜杜拉国王石油研究中心	مركز الملك عبد الله للدراسات والبحوث البترولية	KAPSARC	沙特阿拉伯
伦敦国王学院欧洲能源与资源安全研究中心	European Centre for Energy and Resource Security, King's College London	EUCERS	英国
牛津能源研究所	The Oxford Institute for Energy Studies	OIES	英国
世界能源理事会	World Energy Council	WEC	英国
未来论坛	Forum for the Future	—	英国
自然资源治理研究所	Natural Resource Governance Institute	NRGI	英国
北京大学能源研究院	—	—	中国
国家发展和改革委员会能源研究所	—	—	中国

续表

中文名	原文名	缩写	总部所在国家
国网能源研究院有限公司	—	SGERI	中国
国务院发展研究中心资源与环境政策研究所	—	—	中国
能源与环境政策研究中心	—	CEEP	中国
清华大学能源环境经济研究所	—	3E	中国
中国科学院先进能源科技战略情报研究中心	—	—	中国
中国社会科学院工业经济研究所	—	—	中国
中国社会科学院世界经济与政治研究所	—	IWEP	中国
中国石化集团经济技术研究院有限公司	—	—	中国
中国石油集团经济技术研究院	—	—	中国

注：排名不分先后，按总部所在国家中文音序排列。对于关注和研究能源事务的综合性智库而言，本名录只呈现其智库名称而不再明确其下设的能源研究部门、中心、科室、分支的具体情况。

资料来源：课题组根据机构官方网站信息整理编制。

需要补充说明的是，虽然多家机构是全球能源治理的重要参与主体，但因不符合智库的定义和定位未被收录。具体包括：以国际能源署为代表的国际组织，以英国石油公司为代表的无法明确其能源智库研究部门的能源公司，以斯坦福杜尔可持续发展学院能源科学与工程系为代表的、以教学为主要职责的高校院系，以麻省理工学院国际研究中心的亚洲能源与安全工作组为代表的非正式工作组，以"核威胁倡议"为代表的非正式倡议及其协调机构，以西亚北非研究所可持续发展项目为代表的非正式项目，以观察家研究基金会为代表的无智库职能的基金会，以兰德公司为代表的并不专门聚焦能源治理的综合性智库。

虽然国际能源署、国际可再生能源署等国际组织在全球能源治理中发挥了极为重要的作用，但其组织定位并不在于通过知识生产影响公共政策制定，因而不属于智库的范畴。另外，英国石油公司定期发布的出版物《BP 世界能源统计年鉴》《BP 世界能源展望》《BP 技术展望》对全球能源治理提供了重要的参考。但英国石油公司的相关研究部门及其隶属关系无法清晰地被厘清识别，而英国石油公司自身定位也绝非智库，因而不被本报告收录为需要关注的能源智库。但相对地，国网能源研究院有限公司等被列入需要关注的能源智库的中国机构，虽名为公司，却明确定位为智库，以发挥智库功能为目标使命。

根据研究需要，对这 34 家能源智库的基本信息，包括总部所在地、创立年份、相关议题进行整理，详情如表 3.2 所示。相关信息均以智库官方网站揭示内容为准。

表 3.2　　　　　　　　　需要关注的能源智库信息

名称	总部所在地	创立年份	相关议题
能源环境研究中心	奥地利（维也纳）	—	能源转型 可持续发展 绿色能源技术
Agora 能源转型论坛	德国（柏林）	2012	能源转型 气候保护
基尔世界经济研究所全球公域和气候政策研究中心	德国（基尔）	—	气候政策影响 可持续土地和农业 海洋自然资源
韩国能源经济研究所	韩国（首尔）	1986	能源政策 可再生能源 能源技术标准

续表

名称	总部所在地	创立年份	相关议题
阿斯彭研究所	美国（华盛顿）	1949	气候治理 可持续发展 清洁能源
哥伦比亚大学国际与公共事务学院全球能源政策中心	美国（纽约）	2013	能源政治 能源技术 能源与可持续发展 关键资源与人工智能
哈佛大学肯尼迪学院贝尔弗科学与国际事务中心	美国（剑桥）	1973	环境与自然资源一体化 气候变化 能源政策 环境保护
环境和能源研究所	美国（华盛顿）	1984	环境和气候保护 可再生能源 能源优化
加利福尼亚大学戴维斯分校能源与效率研究所	美国（戴维斯）	2006	能源效率 能源转型
莱斯大学詹姆斯·贝克三世公共政策研究所	美国（休斯敦）	1993	能源政治 气候谈判 能源转型
麻省理工学院能源与环境政策研究中心	美国（剑桥）	1977	能源供应 能源需求 环境保护
美国能源部能源信息署	美国（华盛顿）	1974	能源数据提供 能源数据预测 能源数据分析
未来资源研究所	美国（华盛顿）	1952	气候治理 能源运输和价格评估 自然资源和土地电力产业 能源转型的公平正义
公益财团法人地球环境战略研究机构	日本（三浦）	1998	可再生能源 能源转型 能源政策
国立研究开发法人产业技术综合研究所	日本（筑波）	2001	能源技术 环境保护 能源材料

续表

名称	总部所在地	创立年份	相关议题
一般财团法人日本能源经济研究所	日本（东京）	1966	能源数据 能源模型 能源经济性分析
株式会社野村综合研究所	日本（东京）	1965	能源产业 能源市场
阿卜杜拉国王石油研究中心	沙特阿拉伯（利雅得）	2014	石油和天然气市场 石油运输 可再生能源 气候与可持续发展
伦敦国王学院欧洲能源与资源安全研究中心	英国（伦敦）	2010	能源政治经济 气候变化
牛津能源研究所	英国（牛津）	1982	能源转型 气体、电力和石油市场 中国能源
世界能源理事会	英国（伦敦）	1924	涵盖能源全部领域
未来论坛	英国（伦敦）	1996	能源转型 能源创新 可再生能源
自然资源治理研究所	英国（伦敦）	2014	石油、天然气和矿产管理 能源转型 能源的公平正义
北京大学能源研究院	中国（北京）	2020	能源战略与政策 智慧能源 页岩油气、地热、石油和天然气开发 能源国际合作
国家发展和改革委员会能源研究所	中国（北京）	1980	国家宏观能源战略规划 能源经济与能源技术效率 能源环境与气候变化 能源安全
国网能源研究院有限公司	中国（北京）	2009	能源电力发展与能源经济 能源体制机制与政策 电网发展与管理决策支撑 企业发展与管理决策支撑

续表

名称	总部所在地	创立年份	相关议题
国务院发展研究中心资源与环境政策研究所	中国（北京）	1985	自然资源的合理开发利用 生态平衡与环境保护
能源与环境政策研究中心	中国（北京）	2006	能源与经济增长 能源效率与节能 能源市场 能源环境与气候变化 能源安全 能源政策建模与理论工具
清华大学能源环境经济研究所	中国（北京）	1980	能源与气候模型 能源与气候政策 国际气候治理 清洁低碳技术评价 碳定价机制
中国科学院先进能源科技战略情报研究中心	中国（武汉）	—	能源知识挖掘与分析 能源战略 能源科技发展 能源产业布局
中国社会科学院工业经济研究所	中国（北京）	1978	能源战略、政策和管理体制 能源供需与工业化关系 能源产业 能源效率与节能 能源投资与能源金融 能源规划与布局
中国社会科学院世界经济与政治研究所	中国（北京）	1964	能源政策与能源战略 国际能源形势 国际能源市场 新能源革命与转型 国际能源合作
中国石化集团经济技术研究院有限公司	中国（北京）	2020	能源、石油化工工业经济技术研究 石油石化基础方法技术研究 新能源技术研究
中国石油集团经济技术研究院	中国（北京）	2005	能源战略与政策 油气市场与营销 国际化经营与地缘政治 能源科技发展与创新管理

注："—"表示该机构官方网站没有公开创立年份。

资料来源：课题组根据机构官方网站信息整理编制。

2. 关注案例

上述34家"需要关注的能源智库"虽然具有明显的多样性，但其普遍具有较高的吸引力、管理力与影响力。以美国能源部能源信息署（以下简称"EIA"）为例，该机构在参与全球能源治理的过程中至少发挥了态势感知、信息收集、数据演算、局势分析四项重要的功能，在美国乃至全球范围内都堪称是最具影响力的能源信息分析与研究机构之一。

其一，就其吸引力而言，EIA具有极高的声誉，其人才、资金和环境吸引力在美国能源智库中处于中等偏上水平。具体而言，EIA是美国能源部下辖和管理的官方智库，在全球的能源智库中属于成立时间最早、发展历程最长、建设最完备的智库之一，在美国乃至全球能源公共政策制定中提供了重要的智力支持。[1] EIA收集发布的信息、数据和研究报告不仅成为美国政府制定能源政策的重要参考，也成为全世界能源研究者获取信息的重要来源。依托EIA提供的数据撰写的研究报告、学术论文和评论文章俯拾即是。根据EIA披露的年度网络调查结果，每年约80%的用户对EIA提供的数据表示满意或非常满意。[2] 据此可以认为EIA对于同行和用户都具有很强的吸引力。

其二，就其管理力而言，EIA拥有前瞻性的战略发展规划、组织管理规范，雇员基本处于能源分析行业的一流水平，研究能力在全世界范围内都处于前列。具体而言：从1974年的《联邦能

---

[1] "Mission and Overview", EIA, https://www.eia.gov/about/mission_overview.php；[美]约瑟夫·托梅因、[美]理查德·卡达希：《美国能源法》，万少廷译，法律出版社2008年版。

[2] "Budget and Performance", EIA, https://www.eia.gov/about/budget_performance.php.

源管理局法案》开始，相关法律明确了 EIA（及其前身联邦能源管理局）的授权、职责及定位。这些重要的能源法为该机构框定并基本明晰了发展战略。① EIA 下设资源和技术管理分支、能源统计分支、能源分析分支。② EIA 在高透明度和可及性的约束下，大量公布了其工作遵循的价值、政策、程序、标准、文化。③ 严密的科层化组织和规范的管理也保障了 EIA 的高效运转。

其三，就其影响力而言，EIA 的学术影响力有限，但其决策影响力、社会影响力、国际影响力较高。EIA 的成果主要包括：以天、周、月和年为单位的有关石油、天然气、煤炭等能源的生产、消费、价格、贸易等的数据；有关这些数据的地理分布及其他国家的相关数据；依托这些数据所撰写的短期或长期展望和报告。④ 这些成果并未体现为论文、专著、课题、教材，EIA 也未主办学术期刊，因而 EIA 的学术影响力明显不及高校智库和科研机构。EIA 作为向美国联邦政府提供能源数据和信息的最全面权威的机构，其对政府制定能源政策提供了不可或缺的数据支持。

总之，EIA 具有突出的吸引力、管理力与影响力，而该机构也是上述 34 家"需要关注的能源智库"的缩影。"需要关注的能源智库"名单所涉及智库的吸引力、管理力和影响力均能够得到较为细致地呈现和评估。除了具备较为突出的吸引力、管

---

① "Legislative Timeline", EIA, https://www.eia.gov/about/legislative_timeline.php.
② "U. S. Energy Information Administration", EIA, https://www.eia.gov/about/organization_chart.php.
③ "EIA Standards", EIA, https://www.eia.gov/about/eia_standards.php.
④ "What is IEA? And What Does it Do?", U. S. Department of Energy, https://www.energy.gov/articles/what-eia-and-what-does-it-do.

理力与影响力，上述34家"需要关注的能源智库"还具有以下四方面的共性。

第一，提供关于全球能源市场、各国能源政策、前沿能源技术的专业分析与未来展望，呈现尽可能科学和真实的"能源世界"。专业的分析与科学的预测依托规模强大的研究团队、学科多元的专家学者及持续不断的成果产出。譬如，哥伦比亚大学国际与公共事务学院全球能源政策中心由195名来自政、学、商界的人士组成，其中包括63名专家、53名非驻会研究员与兼职研究员、17名研究助理。① 其研究团队规模之庞大、背景之多元、资源之深厚、网络之繁密，为其智库成果的产出提供了重要的保障。自2013年成立至2023年4月30日，哥伦比亚大学国际与公共事务学院全球能源政策中心研究团队的分析涵盖了气候变化、能源安全、能源市场、能源正义等20个主题以及9个地区，公开发布的研究成果高达725项。

再如，中国社会科学院世界经济与政治研究所依托其深厚的研究积累与强大的研究力量，在软科学的范畴内，针对全球能源治理开展了大量有价值的研究。世界经济与政治研究所是中国社会科学院下属的国际问题研究所之一，也是国家高端智库建设试点单位中国社会科学院国家全球战略智库的实体依托单位，在能源等国际大宗商品领域具有不容忽视的影响力。② 其主办的《世界经济与政治》《国际经济评论》等学术期刊大量刊发能源领域的相关研究成果；公开发布的与全球能源治理相关的论文、专著、研究报告等已达数百篇/部/

---

① "Our Team", The Center on Global Energy Policy at SIPA, https://www.energypolicy.columbia.edu/people/.
② 《IWEP简介》，中国社会科学院世界经济与政治研究所，http://iwep.cssn.cn/gyiwep/gyiwep_iwepjj/。

份;相关咨政成果与媒体访谈更是不计其数。可以说,世界经济与政治研究所是国内关注全球能源治理议题最具组织性、专门性、权威性的研究力量之一。该所围绕该议题已举办多场高规格学术活动,邀请国内外一流专家或重要国际组织负责人参与交流,发表大量学术成果,提交诸多产生切实影响的咨政报告。

我们观察发现,34家"需要关注的能源智库"往往依托能源经济学、产业经济学、环境工程、国际关系等相关学科,一些智库甚至组建了成百上千人的研究团队。优秀的智库研究团队成员往往既接受了能源工程、能源经济等领域的学术专业训练,也取得了公共管理、工商管理等学科的专业学位;既具有在能源公司等私营部门的工作经历,也在政府部门、行业协会乃至大学里从事过研究和咨询工作。在高效的运营团队、充足的研究资金、合理的激励政策、完善的配套设施等的加持下,能源智库在国内外顶尖学术期刊发表大量研究成果,围绕能源事务向有关部门提交高质量咨政报告,频繁地借助媒体进行政策解读和权威分析,适时举办高规格的学术论坛与具有针对性的研讨活动。这些努力增进了国内学界与业界对能源事务规律性的理解,也为有关部门设置全球能源治理议程提供了有价值的智识和洞见,呈现了尽可能科学和真实的"能源世界"。

第二,推动全球能源治理议程的丰富拓展,通过力推清洁能源转型与低碳发展,助力构建"人类命运共同体"。能否在全球能源治理中设置议程是智库掌握话语权与否的重要表征。丰富能源治理议程有赖于原创性的概念与数据的提出。而当前已有多家需要关注的能源智库的成果带有明显的标识性和品牌性,拓展了既有的全球能源治理议程。譬如世界能源理事会的年度报告《世界能源三难困境指数报告》[①] 以能源安全、能源平等与能源可持续为三个测量维度，面向世界主要国家提供了有价值的分析，特别是在当前重视能源安全的背景下，凸显了能源平等与能源可持续这两个维度的价值。需要关注的能源智库及其研究成果持续推动落实具有可靠性、可负担性和可持续性的能源政策，相关评估涉及可再生能源、石油、天然气和煤炭的供需、能源效率、清洁能源技术、电力系统和市场能源的获取及需求侧管理等重要问题。得益于相关成果在议程设置上的影响，这些能源智库扮演着推动全球能源转型协调者的重任。

全球能源治理议程的拓展往往也有赖于从线上到线下的、兼顾会议与流媒体的传播。譬如，哥伦比亚大学国际与公共事务学院全球能源政策中心频繁地举办高规格学术活动，借助博客（Blog）和播客（Podcast）分享前沿观点，建立了健全的访问学者接待机制。这些都助推哥伦比亚大学国际与公共事务学院全球能源政策中心跻身能源领域最具活跃性、议程引领性和知识贡献性的智库行列中。美国能源信息署也特别提供了针对儿童的专题网站，通过帮助儿童了解能源的开发历史、能源的使用、能源的节约等方式，推动全球能源治理议程被未成年人接受和传播。

共同应对气候变化、推动低碳转型被诸多能源智库关注和讨论。全球以化石能源为主的能源结构不可避免地造成了温室气体的大量排放，因而能源治理面临气候变化的严峻挑战。能源智库对此也给予了高度的重视与持续的关注。譬如莱斯大学詹姆斯·贝克三世公共政策研究所、中国石油集团经济技术研

---

① "World Energy Trilemma Index", World Energy Council, https://www.worldenergy.org/transition-toolkit/world-energy-trilemma-index.

究院、Agora 能源转型论坛、哈佛大学肯尼迪学院贝尔弗科学与国际事务中心等都大量关注和探讨有关应对气候变化，实现碳达峰碳中和及实现能源可持续发展等。由于气候变化议题的技术基础仍存在争议、国际合作机制尚未健全，应对气候变化的议程更加有赖于能源智库的推动。总的来看，需要关注的能源智库普遍依托原创性的概念、框架、数据，经过专家的论证咨询，提出逻辑自洽、具有前瞻性、触及全球能源治理根本问题的中长期议程。

第三，关注与能源治理密切相关的安全问题与发展问题。能源安全问题产生的根本原因在于"能源独立"的理想图景与"能源依赖"的现实需求之间存在巨大张力。而与能源相关的发展的不平等是人类进入全球化时代与工业化时代的重要表征，也是社会科学领域最重要的研究议题之一。探讨不平等的起源、固化及克服不平等的动力与主体不仅具有重要的理论价值，也具有深刻的现实教益。对此，多家能源智库尤其关注与能源相关的安全与发展问题。

譬如，中国石化集团经济技术研究院有限公司定期发布的研究成果中，《天然气市场供需分析报告》提供了月度的天然气信息追踪，《中国能源化工产业年度报告》提供了权威性的产业分析，《中美磋商涉及化工产品自美进口增加的影响及建议》等提供了细节丰富、具有前瞻性的对策建议。[①] 这些研究成果为研判全球能源市场动向与中国国家能源安全提供了重要的参考，因而可以说该机构不仅很好地服务于中国石油化工集团有限公司的全球性商业发展，更为追踪研究中国乃至世界石油化工产业的发展提供了重要的智力产品。

---

① 《企业简介》，中国石化集团经济技术研究院有限公司，http://edri.sinopec.com/edri/about_us/erp_profile/。

就能源与安全而言，当前 34 家"需要关注的能源智库"主要从两个角度进行追踪。一是基于地缘政治视角的能源安全分析研判。譬如，中国石油集团经济技术研究院等主要关注能源主产国国内局势的变化对能源生产、投资、国际贸易的影响，能源通道的安全性，特定国家外交政策与军事行动对地区能源商业活动及特定国家能源安全的影响。二是基于能源供需关系视角的能源安全分析研判。例如，美国能源部能源信息署等不仅关注全球和部分国家的能源供需形势，还着重探讨能源供给国之间或消费国之间的竞争关系，以及由此引发的外交互动或政策调整。

就能源与发展而言，上述能源智库的分析报告视角切入更为多元。相关的分析主要从谈判过程、合同披露、透明度、协议签订、拍卖设计、区域技术创新、地方行政能力、公共债务规模、不平等程度、国际贸易条件、国际资源价格水平及稳定性、权力寻租及腐败程度、内战、国内制度质量、国际移民、跨国直接投资等方面触及了能源与经济的增长、社会发展的关系，为政策研判提供了极具价值的助力。

第四，在智库成果的产出上具有较高的信度，在成果的展示上具有较好的可视化效果与较高的社会可及性。就成果产出的信度而言，目前大多数能源智库在其官方网站公开披露或在研究报告中详细介绍其研究所采用的研究方法、研究程序、研究原则，但很多智库总体上并不擅长运用数据计量和模型分析来评估和预测能源事务，过度依赖不可重复、不可证伪的定性研究和模糊的自然语言陈述也削弱了其研究成果的信度。相比之下，34 家"需要关注的能源智库"不仅普遍详细阐述了上述内容，还尤为强调第三方机构对研究成果的咨询和审查意见。

就成果展示的可视化效果与社会可及性而言，34 家"需要关注的能源智库"的研究成果大部分能够通过官方网站查阅和下载。不仅如此，其研究成果可视化程度较高，往往使用颜色明快、制图精良、排版考究的形式呈现。对于没有接受过能源领域相关训练但对该领域感兴趣的社会行为体而言，这些智库的研究成果的呈现方式更为友好、可及性更强。

（四）结论与启示

既有的权威性智库评估报告、专著和论文已经对中国的智库发展情况进行了全面的分析与深刻的讨论，特别是对近年来中国智库的发展成绩与不足提供了大量洞见。① 而上述34家"需要关注的能源智库"及其四个方面的共性为其他的智库建设同样提供了启示教益。

客观上讲，中国国内大多数能源智库与上述"需要关注的能源智库"相比仍然存在一定的差距。这种差距主要体现在以下六个方面：第一，智库建设规模普遍较小，成果产出更依赖个人完成而非团队合作，规模效应并未显现。第二，智库人员的学术训练和从业经历相对单一，普遍缺乏境外履历和社会网络。第三，在战略规划和职能履行上过于强调对策提出，在前瞻性、引领性议程的设置上明显缺失。第四，研究方法相对单一且过程缺乏第三方评估，智库成果的信度相对较低。第五，

---

① 荆林波等：《全球智库评价报告（2015）》，中国社会科学出版社2016年版，第44—67页；荆林波主编：《全球智库评价研究报告（2019）》，中国社会科学出版社2020年版，第8—13页；荆林波主编：《中国智库AMI综合评价研究报告（2021）》，中国社会科学出版社2022年版，第18—54页；荆林波、吴田：《中国特色智库建设综述与展望》，《中国软科学》2022年第11期；胡薇：《日本智库研究：经验与借鉴》，中国社会科学出版社2021年版。

智库成果缺乏独特性，难以自主提供有分析和预测价值的数据。第六，智库成果的可视化效果不佳，社会可及性较差。为了弥补上述差距，结合34家"需要关注的能源智库"发展建设的重要启示，中国能源智库需要由简入繁、长短周期兼顾、从技术性向结构性变革推进，聚焦以下六个方面采取相应的优化调整。

其一，在智库建设上扩大规模、加强人员培养、拓展经费来源渠道。从长期来看，庞大的智库规模、精干有为的智库队伍、充足的资金来源是智库建设绩效的重要条件。对标34家"需要关注的能源智库"，国内其他能源智库仍需大幅扩展研究团队规模；在人员招聘时注重学术训练和职业背景的多元性；在智库建设时兼顾智库人员的培养历练；在特定国家的重要城市设立运营办公室；除了国家财政和上级公司下拨的经费，尝试主动拓展其他经费来源渠道。

其二，加强全球能源治理的议程设置能力。对此，中国能源智库需要依托原创性的概念、框架、数据和基础研究，经过专家的论证咨询，提出逻辑自洽、具有前瞻性、触及全球能源治理根本问题的中长期议程。特别是中国能源智库可以尝试将极富中国智慧的全球安全倡议、全球发展倡议、全球文明倡议引入全球能源治理领域并进一步阐发。此外，相关智库可以牵头成立与全球能源治理相关的智库联盟，借助国内外同类智库的力量宣传和推介相关议程。

其三，调整研究人员的组织架构，加强研究的流程管理。研究中心、研究小组而非研究人员个人应该成为智库成果产出的重要单位。对此，中国能源智库需要适时推进组织架构调整，下设研究中心和研究小组，通过专业性强、周期长的"项目制"，而非应急性强、随意性高、周期短的"交办制"来设置研究议程。智库管理者还需要重视各研究中心和研究小组人员的学术训练和履历多元性，尽可能实现同一中心或小组内部具备多位研究人员既有能源工程的学术背景也有软科学的专业训练，既有能源公司的供职经历也有行业协会和政府部门的任职背景，既有在国内也有在国外求学任职经历。另外，研究中心、研究小组在产出智库成果时还需要适度披露研究过程、原则、操作方法，加强流程和规范性管理，适时引入第三方咨询和成果的独立评价，以此提高成果的信度。

其四，以提出原创性概念、框架、数据等为着力点，全面提高智库研究成果的独特性。上文已经指出，中国大多数能源智库较少能提出原创性概念、创新性分析框架和模型、自主性测算能源数据。其背后的原因在于，原创性概念、框架、数据的提出依赖长时间的学术积累及深厚的基础研究功底，而这两点也是中国能源智库明显欠缺的。对此，中国能源智库需要做好长期的研究规划，为基础性研究提供持续且强有力的组织、人力和经费支撑。在此基础上，优先打造具有原创性的能源类数据库（如全球钻井数据、全球石油生产成本数据、全球油轮流向数据），进而展开具有独特性的分析阐释。

其五，改善官方网站运维、公开发布研究成果，通过提高研究成果的可及性来提升社会影响力。在技术层面，加强官方网站建设是投入最低、见效最快、对于提高智库影响力最具增量的举措。因而中国大多数能源智库首先需要尽快建立健全官方网站；在条件允许的情况下提供英语或更多语种版本的官方网站页面；指派专人运营和更新网站内容；建立起包括微信、微博及推特等的全媒体矩阵，并借此引流官方网站的内容。此外，中国能源智库还需要提高非涉密、知识溢出效应明显的研究成果的可及性，为其分享和扩散提供便利。

包括但不限于：在官方网站发布研究成果；减少注册、付费等的浏览和下载限制；设置线上的数据检索交互页面；优化研究成果的可视化设计；提供英语或更多语种版本的研究成果下载选项；通过微信公众号和邮箱订阅等方式，宣介研究成果并附加下载链接。

其六，以前所未有的支持力度推动多种形式的国际交流与合作。面对智库研究人员缺乏国际社会网络等智库国际影响力不足的状况，中国能源智库需要将拓展国际交流与合作作为短期内优先处理的事项。包括但不限于：大幅提高国际交流的经费投入；在审批程序上简化流程，以支持研究人员赴境外参加会议和交流活动；主动联系国外领先能源智库领军人物赴华洽谈合作、加强交流；定期召集由其他国家能源部门负责官员、能源国际组织专家、国家主要能源公司高级别管理人员参与的政策工作坊和"二轨"对话；每年至少组织一次高规格的能源政策专家峰会，并将其打造为品牌活动。

基于上述讨论不难发现，中国的能源智库为了实现持续性发展、建设成为国际领先的一流智库，需要做好长期的研究规划，为基础性研究提供持续且强有力的组织、人力和经费支撑。在此基础上，相关智库还应优先打造具有原创性的能源分析智库成果，进而以此展开具有独特性的分析阐释。总之，夯实智库建设的"四梁八柱"，进而提出原创性概念、框架、数据，摆脱对西方领先能源智库的盲目追随。也只有摆脱这种追随状态，才能在智库建设上体现出中国特色，而这也是中国特色新型智库建设的必然方向和基本要求。

四 环境智库

习近平主席2021年9月在第76届联合国大会一般性辩论上提出全球发展倡议，呼吁完善全球环境治理，积极应对气候变化，构建人与自然生命共同体。作为以环境问题及其相关战略和政策为主要研究对象、旨在通过自主的知识产品对公共政策的制定产生影响的组织，环境智库在全球环境治理进程中扮演着重要角色。来自世界各地的环境智库通过生成公共思想产品、提供问题解决方案、传播环境知识理念、开展环境倡导行动、利用跨国智库网络等方式，积极参与全球环境治理。本部分基于"全球智库综合评价AMI指标体系（2023）"，结合环境智库及其参与全球环境治理的特点开展评价研究，形成了"需要关注的环境智库"名单，并呈现出部分具有代表性的案例，探讨环境智库如何通过其独特的策略与行动在全球环境治理体系与进程中产生影响。

（一）全球环境治理的意义

当环境问题及其带来的影响溢出一个国家或一个地区的边界，发展为亟待在全球范围内协商对话解决的挑战时，全球环境治理应运而生。具体来说，全球环境治理是协调全球环境保护进程的组织、政策工具、融资机制、规则、程序和规范的总和。①

20世纪70年代初，人们关于全球环境问题和全球环境治理的知识与实践尚处于起步阶段，但是"环境决策必须首先依靠知情讨论、专家知识和现有的最佳科学信息"已经得到重视。② 1972年，在斯德哥尔摩召开的首届将环境问题作为主要议题的世界会议——联合国人类环境会议，正式揭开了全球环境治理的新篇章。

当前全球环境治理的活动主要围绕联合国平台和多边机制展开，如联合国环境大会、联合国气候变化大会、联合国生物多样性大会及诸多多边环境协定的谈判等重大多边合作场合。联合国环境大会是全球环境问题的最高决策机制，通常每两年召开一次，以确定全球环境政策的优先事项并制定国际环境法。③ 联合国环境规划署是全球环境领域的牵头机构，它的职责是"制定全球环境议程，促进联合国系统内连贯一致地实施环境可持续发展层面相关政策，并承担全球环境权威倡导者的角色"，还承担着多个多边环境协定的秘书处工作。加入《联合国气候变化框架公约》的国家每年举行联合国气候变化大会，衡量进展情况并就多边应对措施进行谈判，在《联合国气候变化框架公约》秘书处注册为非政府组织的机构包括智库，享有作为观察员组团参加联合国气候变化大会的权利，可以在大会期

---

① "Global Environmental Governance: A Reform Agenda", United Nations Department of Economic and Social Affairs Sustainable Development, https://sdgs.un.org/publications/global-environmental-governance-reform-agenda-17063.

② 联合国环境规划署：《反思过去，想象未来：为科学与政策衔接对话提供参考》，2021年。

③ 《为什么联合国环境规划署重要？》，2024年7月10日，联合国环境规划署，https://www.unep.org/zh-hans/guanyulianheguohuanjingshu/weishenmelianheguohuanjingshuzhongyao。

间举办边会等活动。此外，还有一些针对特定环境问题或围绕特定地区间合作的区域环境合作机制，以及将全球环境问题作为重要议题的区域对话机制，如二十国集团等。各主权国家作为资源投入者、制度建构者与知识来源方等，其参与合作仍然是全球环境治理的必要条件。越来越多的环境类非国家行为主体也积极参与其中，发挥着不可替代的作用。

半个世纪以来，尽管人们所了解的全球环境问题相关的科学知识显著增加，也积累了不少实践经验，但在全球环境治理领域仍然面临突出的"科学和政策之间的脱节"。特别是世界百年未有之大变局和新冠疫情全球大流行交织影响，全球环境治理的复杂性和紧迫性日益上升。一方面，大国战略竞争、地缘政治危机等一定程度上削弱了国际社会有关全球环境治理的优先级、参与度与资源投入，主权国家之间的合作阻碍重重，带有政治博弈色彩的环境利益集团也在冲击着国际多边环境组织的权威性和影响力，全球环境治理的利益多元化、机制脆弱性、制度碎片化等趋势加剧。另一方面，新冠疫情全球大流行再次表明了人类命运与共的客观事实、人类发展过程中对环境过度施压所带来的严重影响及人类自身的反噬后果，同时也是对全球环境治理体系的检验，特别凸显对更有效的全球环境治理的迫切需求。

党的十八大以来，中国紧跟时代、放眼世界，承担大国责任、展现大国担当，实现由全球环境治理参与者到引领者的重大转变。中国秉持人类命运共同体理念，主动承担大国责任，大力改善国内环境治理成效，明确提出碳达峰碳中和目标，在应对气候变化、海洋污染治理、生物多样性保护等领域加强国际合作，认真履行国际公约和环境治理义务，并为全球提供更多公共产品，积极推动共谋世界环境保护和可持续发展的解决方案。

（二）智库如何参与全球环境治理

回顾全球环境治理进程的历史可以看出，实际上环境政策本就开始于学术领域之外，与各国雄心勃勃的智库密切相关，智库在环境政策领域的起源和演变中发挥了重要作用。而环境污染、气候变化、生物多样性丧失等环境问题在全球不同国家和区域的不断涌现，带来了层出不穷的治理挑战，也呼唤着更加专业、科学和有效的环境决策支撑与创新。

环境智库是以环境问题及其相关战略和政策为主要研究对象，通过自主的知识产品对公共政策的制定产生影响的组织。环境智库以其研究产品、政策建议、论坛平台、倡议行动、关系网络等，在全球环境治理进程中扮演科学知识与政策行动之间的中介角色，也发挥科学知识与政策行动的生成、倡导、传播等功能。具体而言，智库参与全球环境治理主要包括以下五个方面。

1. 生成公共思想产品

环境智库通过深入研究生成的公共思想产品，如政策报告、研究论文、案例研究等，为环境治理提供理论依据和新的思考角度。这些产品往往包含对环境问题的深刻洞察和前瞻性预测，对公众政策的形成具有指导意义。例如，对于气候变化这一全球性挑战，智库通过量化研究和模型分析，能够预测未来的趋势和可能的影响，为政策制定者提供决策支持。一些智库的思想产品还能引发公众讨论和媒体关注，从而增强社会对环境问题的认识和紧迫感。

2. 提供问题解决方案

智库不仅分析和诊断环境问题，还根据不同类型的环境问题特点、不同国家和地区的情况等，采取与之相应的政策建议和行动方案。环境智库通常采用跨学科的方法论，整合经济学、生态学、政治学等多个学科的理论和实践，以确保其解决方案的全面性、可行性和有效性。例如，针对特定地区的水资源管理问题，智库可能提出一套结合技术创新、政策调整和社区参与的综合策略。通过模拟和预测工具展示其方案的潜在效果，智库为决策者提供更为直观的决策参考。通过与决策者的密切合作，智库确保其提出的解决方案能够被有效转化为实际的政策行动。

3. 传播环境知识理念

智库在传播环境知识理念方面发挥着关键作用。通过组织研讨会、论坛、工作坊等活动，智库为不同利益相关者提供了交流和学习的平台。例如，智库可能举办生物多样性保护主题的国际研讨会，吸引政策制定者、学者、非政府组织代表等参与，共同探讨问题及其解决策略。通过撰写专栏文章、发表公开演讲、参与媒体讨论等方式，智库将环境问题和解决方案的知识传播给更广泛的公众，提升公众对环境问题的认知与理解。

4. 开展环境倡导行动

智库在环境倡导方面具有独特优势。通过政策倡议、公众教育活动和与政府的合作，智库能够推动环境政策的制定和执行。例如，智库可能会发起或支持环保运动，如减少塑料使用或保护濒危物种，以此影响政策制定和公众行为。此外，智库还会利用其专业网络，促进不同行业和领域间的环境保护合作。

5. 构建跨国智库网络

智库通过国际合作，分享知识、经验和资源，加强全球环境治理的协同效应。智库之间的合作包括联合研究项目、共同举办国际会议和研讨会等。不同国家的智库可以共享某环境问题领域的数据和研究成果，共同推动国际相关政策的制定和实施。环境智库还可以通过网络合作，向发展中国家和欠发达国家提供技术支持和能力建设，助力其更有效地应对环境挑战。通过这些网络，智库在全球环境治理中发挥着越来越重要的作用。

（三）需要关注的环境智库

1. 整体图景

课题组基于"全球智库综合评价AMI指标体系（2023）"，结合环境智库及其参与全球环境治理的特点开展评价研究，具体而言，重点关注以下三个方面。①在吸引力方面：具有一定的历史美誉、学术声誉、同行赞誉；能够持续吸引环境及相关专业背景的学者、政策制定者等成为内外部专家，具有在国内外环境治理领域有知名度和影响力的领军人物；拥有多元、稳定且公开透明的资金来源，研发经费充裕；具备能够支撑研究的办公场所、设施设备和电子信息资源。②在管理力方面：符合本国法律与国际规范，具有规范的治理结构与管理体系，特别是在供需对接、项目管理和平台运营方面；短期、中期、长期发展规划明晰且与全球环境治理的演进方向相契合；注重问题描述、论证过程、研究方法和应用方面的科学性和严谨性等。

③在影响力方面：针对环境议题在本地、跨地区和全球层面开展研究与行动，推进一国、区域性或全球层面的环境政策的出台和落地，改善公众对环境议题的认知。重点关注在环境议题相关的联合国平台、多边机制、区域合作机制中的参与情况和贡献度。

课题组从中国社会科学评价研究院全球智库数据库中遴选出覆盖亚洲、欧洲、非洲、北美洲、南美洲和大洋洲六大洲共71个国家391家环境智库进入评审样本池，经过第一轮书面评审、专家会审、样本智库增补、第二轮书面评审等多个评价环节，最终遴选出全球48家"需要关注的环境智库"，包含6家国内智库与42家国外智库，具体名单如表4.1所示。

表4.1　　需要关注的环境智库①

中文名	原文名	缩写	总部所在国家
国家水研究所	Institudo Nacional del Agua	INA	阿根廷
国际应用系统分析研究所	International Institute for Applied Systems Analysis	IIASA	奥地利
悉尼大学澳大利亚气候与环境法中心	Australian Centre for Climate and Environmental Law, University of Sydney	—	澳大利亚
亚马孙保护与可持续发展研究所	Instituto de Conservação e Desenvolvimento Sustentável da Amazônia	IDESAM	巴西
亚马孙人类与环境研究所	Instituto do Homem e Meio Ambiente da Amazônia	Imazon	巴西
欧洲环境政策研究所	Institute for European Environmental Policy	IEEP	比利时
可持续发展研究所	Instytut na rzecz Ekorozwoju	ISD	波兰
波茨坦气候影响研究所	Potsdam-Instituts für Klimafolgenforschung	PIK	德国

① 排名不分先后，按总部所在国家中文音序排列。

续表

中文名	原文名	缩写	总部所在国家
生态研究所	Ecologic Institut	Ecologic	德国
全球气候与生态研究所	ИНСТИТУТ ГЛОБАЛЬНОГО КЛИМАТА И ЭКОЛОГИИ ИМЕНИ АКАДЕМИКА Ю. А. ИЗРАЭЛЯ	IGCE	俄罗斯
可持续发展与国际关系研究所	Institut du Développement Durable et des Relations Internationales	IDDRI	法国
赫尔辛基可持续发展科学研究所	Helsingin yliopiston Kestävyystieteen instituutti	HELSUS	芬兰
国立环境科学院	국립환경과학원	NIER	韩国
荷兰三角洲研究院	Deltares	—	荷兰
国际可持续发展研究院	International Institute for Sustainable Development	IISD	加拿大
卢旺达可持续发展倡议	The Rwanda Initiative for Sustainable Development	RISD	卢旺达
环境法研究所	Environmental Law Institute	ELI	美国
美国环保协会	Environmental Defense Fund	EDF	美国
气候与能源解决方案中心	Center for Climate and Energy Solutions	C2ES	美国
世界资源研究所	World Resources Institute	WRI	美国
斯坦福伍兹环境研究所	Stanford Woods Institute for the Environment	—	美国
灾害研究与预防中心	Centro de Estudios y Prevención de Desastres	PREDES	秘鲁
国家生态与气候变化研究所	Instituto Nacional de Ecología y Cambio Climático	INECC	墨西哥
非洲环境经济与政策中心	Centre for Environmental Economics and Policy in Africa	CEEPA	南非
国际气候研究中心	CICERO Senter forklimaforskning	CICERO	挪威
生态、进化和环境变化中心	Centre for Ecology, Evolution and Environmental Changes	cE3c	葡萄牙
公益财团法人笹川和平财团海洋政策研究所	公益財団法人笹川平和財団海洋政策研究所	OPRI	日本

续表

中文名	原文名	缩写	总部所在国家
国立研究开发法人国立环境研究所	国立研究開発法人国立環境研究所	NIES	日本
斯德哥尔摩环境研究所	Stockholm Environment Institute	SEI	瑞典
罗马俱乐部	Club of Rome	—	瑞士
苏尔坦王子环境、水和沙漠研究所	Prince Sultan Institute for Environmental, Water and Desert Research	PSIEWDR	沙特阿拉伯
国际环境与经济研究中心	International Centre for Research on the Environment and the Economy	ICRE8	希腊
新加坡国立大学环境与可持续发展研究所①	Institute for Environment and Sustainability	IES	新加坡
新西兰气候变化研究所	New Zealand Climate Change Research Institute	NZCCRI	新西兰
可持续发展与环境中心	مؤسسه توسعه پایدار و محیط زیست	CENESTA	伊朗
自然资源与环境研究中心	המרכז לחקר משאבי טבע וסביבה	NRERC	以色列
欧洲—地中海气候变化中心	Centro Euro-Mediterraneo sui Cambiamenti Climatici	CMCC	意大利
科学与环境中心	Centre for Science and Environment	CSE	印度
国际林业研究中心	Center for International Forestry Research	CIFOR	印度尼西亚
国际环境与发展研究所	International Institute for Environment and Development	IIED	英国
伦敦政治经济学院格兰瑟姆气候变化与环境研究所	Grantham Research Institute on Climate Change and the Environment, London School of Economics and Political Science	—	英国

① 原为 2008 年成立的新加坡国立大学水政策研究所，项目评审过程中仍为该名称。但 2023 年 11 月为撰写书稿补充完善信息过程中访问原网址，新加坡国立大学环境与可持续发展研究所新成立，原水政策研究所的遗产重新整合为环境与可持续发展研究所下设的水政策中心。

续表

中文名	原文名	缩写	总部所在国家
智利天主教大学全球变化中心	Centro de Cambio Global UC, Pontificia Universidad Católica de Chile	—	智利
国家应对气候变化战略研究和国际合作中心	—	NCSC	中国
生态环境部环境规划院	—	CAEP	中国
中国环境科学研究院	—	CRAES	中国
中国科学院生态环境研究中心	—	RCEES	中国
中国社会科学院生态文明研究所	—	RIEco	中国
自然资源部海洋发展战略研究所	—	CIMA	中国

资料来源：课题组根据机构官方网站信息整理编制。

根据研究需要，对这48家环境智库的基本信息，包括总部所在地、创立年份、相关议题进行整理，详情如表4.2所示。相关信息均以智库官方网站显示内容为准。

表4.2　　需要关注的环境智库信息

名称	总部所在地	创立年份	相关议题[①]
国家水研究所	阿根廷（埃塞萨）	1973	水文预测 水质评估 干旱研究、评估和管理
国际应用系统分析研究所	奥地利（拉克森堡）	1972	生物多样性和自然资源 可持续转型 生态环境与公正社会

① 受表格形式的局限和为了便于阅读，此处仅列出智库相关度高的三个议题，后文分析中将会展开作详细介绍。

续表

名称	总部所在地	创立年份	相关议题
悉尼大学澳大利亚气候与环境法中心	澳大利亚（悉尼）	—①	气候灾害法 国际环境法和海洋法 国际野生动植物法
亚马孙保护与可持续发展研究所	巴西（玛瑙斯）	2004	气候变化与REDD+② 可持续农业生产 森林管理与技术
亚马孙人类与环境研究所	巴西（贝伦）	1990	森林资源保护与利用 环境与土地法 可持续城市
欧洲环境政策研究所	比利时（布鲁塞尔）	1976	全球挑战与可持续目标 共同农业政策与粮食 生物多样性与生态系统
可持续发展研究所	波兰（华沙）	1990	气候政策与行动 城市水资源管理 气候适应
波茨坦气候影响研究所	德国（波茨坦）	1992	气候影响与适应 气候风险与可持续发展 全球公域和行星边界
生态研究所	德国（柏林）	1995	可持续转型与社会生态 环境政策与战略 自然资源使用评估
全球气候与生态研究所	俄罗斯（莫斯科）	1989	气候与环境监测 气候变化影响与适应 环境污染、评估与预防
可持续发展与国际关系研究所	法国（巴黎）	2004	气候变化与深度脱碳 生物多样性与生态系统 海洋
赫尔辛基可持续发展科学研究所	芬兰（赫尔辛基）	2018	消费与生产 全球南方 北极
国立环境科学院	韩国（仁川）	1978	环境健康 气候与空气质量 水环境

① 该机构现官方网站没有公开创立年份。
② "减少发展中国家毁林和森林退化排放"的缩写。

续表

名称	总部所在地	创立年份	相关议题
荷兰三角洲研究院	荷兰（代尔夫特）	2008	干旱 洪水 海平面上升
国际可持续发展研究院	加拿大（温尼伯）	1990	气候变化成因与适应 自然资源可持续管理 公正和可持续的经济
卢旺达可持续发展倡议	卢旺达（基加利）	1994	自然资源的公平获得与使用 土地权 气候变化适应
环境法研究所	美国（华盛顿）	1969	全球环境治理和法治 环境健康 气候适应
美国环保协会	美国（纽约）	1967	清洁空气 自然解决方案 可持续渔业
气候与能源解决方案中心	美国（阿灵顿）	1998	加速美国的净零路径 支持《巴黎协定》 建立气候韧性
世界资源研究所	美国（华盛顿）	1982	森林 海洋 水
斯坦福伍兹环境研究所	美国（斯坦福）	2003	气候 保护 海洋
灾害研究与预防中心	秘鲁（利马）	1983	灾害风险管理 气候变化适应
国家生态与气候变化研究所	墨西哥（墨西哥城）	2012	污染与环境健康 绿色增长 气候变化适应、减缓与政策评估
非洲环境经济与政策中心	南非（比勒陀利亚）	2001	贫困与自然资源 生态系统变化 全球环境变化影响与适应
国际气候研究中心	挪威（奥斯陆）	1990	气候影响 气候与社会 气候政策
生态、进化和环境变化中心	葡萄牙（里斯本）	2015	环境变化与生物多样性 高自然价值农田可持续管理 环境与人类健康

续表

名称	总部所在地	创立年份	相关议题
公益财团法人笹川和平财团海洋政策研究所	日本（东京）	1975	海洋与环境 海洋治理 蓝色经济
国立研究开发法人国立环境研究所	日本（筑波）	1974	环境风险与健康 区域环境保护 生物多样性
斯德哥尔摩环境研究所	瑞典（斯德哥尔摩）	1989	气候适应 水资源管理 空气污染
罗马俱乐部	瑞士（温特图尔）	1968	行星紧急情况 重构经济学 重新思考金融
苏尔坦王子环境、水和沙漠研究所	沙特阿拉伯（利雅得）	1986	沙漠环境系统 干旱 环境污染
国际环境与经济研究中心	希腊（雅典）	2014	环境 生态创新 可持续发展
新加坡国立大学环境与可持续发展研究所	新加坡（新加坡）	2008	海洋与水 生物多样性和土地利用 气候与能源
新西兰气候变化研究所	新西兰（惠灵顿）	2008	极端事件和气候变化 气候变化的不平等 气候科学与政策
可持续发展与环境中心	伊朗（德黑兰）	1979	自然资源协同管理 防治荒漠化 农业生物多样性
自然资源与环境研究中心	以色列（海法）	1985	环境资源管理 气候变化 生物多样性
欧洲—地中海气候变化中心	意大利（莱切）	2005	地球系统预测 气候韧性 环境与经济
科学与环境中心	印度（新德里）	1980	清洁空气 水资源管理 可持续工业化

续表

名称	总部所在地	创立年份	相关议题
国际林业研究中心	印度尼西亚（茂物）	1993	森林与生物多样性 气候变化 粮食安全
国际环境与发展研究所	英国（伦敦）	1971	气候变化 生物多样性 自然资源管理
伦敦政治经济学院格兰瑟姆气候变化与环境研究所	英国（伦敦）	2008	生物多样性 气候变化适应与韧性 环境政策评价
智利天主教大学全球变化中心	智利（圣地亚哥）	2009	自然资源管理 脆弱性、影响与适应 可持续发展
国家应对气候变化战略研究和国际合作中心	中国（北京）	2012	气候变化政策 清洁发展机制 碳排放
生态环境部环境规划院	中国（北京）	2001	环境规划与政策 水环境 大气环境
中国环境科学研究院	中国（北京）	1978	大气环境 水生态环境 环境管理
中国科学院生态环境研究中心	中国（北京）	1975	生态安全 环境健康 可持续发展
中国社会科学院生态文明研究所	中国（北京）	2020①	生态文明 环境与经济 全球环境议程
自然资源部海洋发展战略研究所	中国（北京）	1987	海洋生态环境保护 全球海洋治理 生物多样性

资料来源：课题组根据机构官方网站信息整理编制。

---

① 根据该所官方网站简介，2020年3月在原城市发展与环境研究所基础上更名成立。

从国别区域分布来看,"需要关注的环境智库"名单共有48家智库,覆盖六大洲40个国家。具体来看,约58%的智库总部所在地位于发达国家,约40%的智库总部所在地位于发展中国家,还有1家智库总部位于最不发达国家;约65%的智库总部位于所在国的首都。

从成立年份来看,在48家"需要关注的环境智库"中,成立于20世纪60年代的约占6%,20世纪70年代和80年代的各约占17%,20世纪90年代的约占20%,21世纪前十年的约占26%,21世纪10年代的约占10%。成立于1972年联合国人类环境会议召开之前的环境智库有美国环保协会(1967年)、罗马俱乐部(1968年)、环境法研究所(1969年)、国际环境与发展研究所(1971年)。

从机构性质来看,在48家"需要关注的环境智库"中,受不同国家的政治经济体制的影响,围绕智库组织管理的法律体系具有差异,结合该机构章程和官方网站采用的文本表述,采取最大公约数可暂将这些智库的机构性质分别归入非营利组织、高校研究机构、隶属政府的科研机构之列。但是仍需注意,即使在同一大类下仍存在不同细分的法人身份,与之相应地存在差异的权责关系及其法律规制等。

从机构名称和相关议题来看,在48家"需要关注的环境智库"中,应对气候变化、污染防治、生物多样性是环境智库所关注的全球性热点议题,空气、水、土地、森林、海洋、农业等不同的资源部门均有涉及。而不同智库关注议题的覆盖面、优先议题的偏好同其所在国家的经济社会发展阶段、自然资源禀赋、价值观念、历史经验及机构自身规模等密切相关。

2. 关注案例

当前,在全球环境治理体系和进程中,国际治理体制和地方性制度及组织之间的互动日益增强,多层次的行动成为有效政策的关键,国内制度之间的整合程度将会极大影响各国应对全球挑战的能力。[①] 这意味着,智库在通过生成公共思想产品、提供问题解决方案、传播环境知识理念、开展环境倡导行动和利用跨国智库网络的路径参与全球环境治理过程中,需要具备"联结地方—国家—国际"的能力与策略。表4.2中所列的48家"需要关注的环境智库"在不同程度上回应了全球趋势和时代要求,从关注议题、研究范式和决策咨询服务层次等来看,这些环境智库的主要经验做法可简要归纳为三类策略导向:"思想引领""数据驱动""在地行动"。需要指明的是,环境智库常常会采用多种策略组合,下文中所列举的案例仅为释义。

(1)思想引领

一方面,环境智库通过构建和推广对环境问题的新理解和新视角,挑战既有的观念和做法,发挥思想引领作用。

罗马俱乐部是先驱之一,其1972年的《增长的极限》报告提醒人们关注人类活动与地球健康之间的相互作用,自那之后,罗马俱乐部发布了超过45份报告,不断加深和扩展这一领域的知识。当前通过聚焦行星紧急情况(Planetary Emergency)、重构经济学、重新思考金融、新兴的新文明、青年领导力与代际对话五个关键领域,罗马俱乐部坚持其"全球"和"长期"的视角,以及"问题"概念,试图为全球社会、环境和经济体系的长期系统性转变奠定基础。[②]

---

① Jose A. Puppim de Oliveira and Haoqi Qian, "Perspectives in Global Environmental Governance", *Global Public Policy and Governance*, Vol. 3, 2023, pp. 7-8.

② "About Us", The Club of Rome, https://www.clubofrome.org/about-us/.

国际环境与发展研究所的创始人芭芭拉·沃德（Barbara Ward）是最早提出可持续发展概念的人之一。该机构的工作强调将当地优先事项与全球挑战相结合的重要性，推动多边和双边机构在环境绩效方面的改进，并为绿色经济的概念铺平了道路。21世纪初，国际环境与发展研究所倡导成立联合国气候变化框架公约最不发达国家集团，且自2001年以来一直支持该集团代表最易受气候变化影响的国家充分、有意义地参与联合国谈判进程，该集团在《巴黎协定》中发挥了关键作用。①

美国环保协会的创立则直接推动了美国环保立法，其创立缘于20世纪60年代DDT使用造成的环境问题。通过科学证据和法律途径，美国环保协会推动了DDT在美国的禁用和更广泛的环境保护立法。美国环保协会如今活跃在全球范围内，提供具有创新性的气候解决方案。②

波茨坦气候影响研究所致力于促进全球可持续发展并为气候公正提供知识和解决方案，其研究领域覆盖天气、海洋、土地利用等多个领域，从自然科学到社会科学、从风险预测到解决方案、从确定行星边界到管理全球公域，不断拓展全球可持续性综合研究的前沿，并打造安全公正的气候未来。③

赫尔辛基可持续发展科学研究所关注全球南方主题，为探索不同后殖民背景下可持续发展的条件、限制和途径提供了一个独特平台；它还促进了以跨学科和变革性视角对北极自

---

① "About", IIED, https://www.iied.org/about/.
② "About Us", Environmental Defense Fund, https://www.edf.org/about/.
③ "PIK/Potsdam Institute For Climate Impact Research", https://www.pik-potsdam.de/en/.

然环境和社会政治开展研究，即不仅关注不同历史时段下的气候和生态研究，还将福祉、正义和权利等议题纳入考量。①

国际气候研究中心在全球范围内以其在温室气体排放和情景分析方面的领先专业知识而著称，在气候领域的大多数学科中该机构都有代表性的专家，掌握了联合国气候变化专门委员会报告中提出的广泛气候知识，进而向挪威地方政府提供创新工具，帮助公共和私人机构了解他们的活动对气候的影响及他们受气候变化的影响程度，并指导采取适当的应对措施。国际气候研究中心在挪威面向公众开展的气候调查也为其服务地方提供了坚实的基础。如在气候预算和排放计算方面，协助市政府和县议会制定气候预算，准备参考轨迹、行动方案和生命周期分析，并帮助确定和量化减排措施。②

中国社会科学院生态文明研究所从生态文明新视角，对全球重大环境议程，包括气候变化、联合国SDGs、绿色"一带一路"等重大问题进行研究，揭示其新的政策含义，并直接服务于中国参与全球环境治理体系。③

另一方面，环境智库发挥思想引领作用可以通过在全球环境议题上构建共识，推动国际对话与合作，促进全球环境治理框架的形成和完善。

20世纪70年代大多数研究组织关注国家问题，但很少鼓励来自不同国家或学科的研究人员为了更大的利益而共同努力。

---

① "Home/Research theme: Global South", University of Helsinki, https://www.helsinki.fi/en/helsinki-institute-sustainability-science/research/research-theme-global-south/.

② "CICERO Tjenester", CICERO, https://cicero.oslo.no/no/cicero-tjenester.

③ 《简介》，2024年7月9日，中国社会科学院生态文明研究所，http://rieco.cssn.cn/wm/wm_jj/。

国际应用系统分析研究所的成立便是旨在打破国家和学科之间的障碍,通过建立国际跨学科团队和使用系统分析来研究全球挑战,促进冷战期间东西方的科学合作。冷战结束后该研究所的赞助国本可以"任务完成"为由将其解散,然而国际应用系统分析研究所除了帮助促进东西方科学家之间相互理解,还展示了不同国家和学科为实现共同目标而共同努力所带来的科学效益,因而得以继续存在并发展壮大。如今,国际应用系统分析研究所的工作方式已被诸如政府间气候变化专门委员会(IPCC)等机构广泛效仿。①

可持续发展与国际关系研究所致力于将可持续发展置于国际关系和公共政策的核心,其研究领域涵盖气候、生物多样性、海洋和可持续发展治理等,在开展政策研究的同时还突出为多方利益相关者建立对话平台,通过广泛的伙伴网络,在法国、欧洲和国际上发挥影响力。包括但不限于与全球治理和公共政策关键论坛中的智库网络合作,如该研究所是 G20 国家智库网络 T20 的贡献者;与新兴国家开展双边对话,如围绕不同议题同中国的多家智库开展合作;参与专题性多方利益相关者网络,与其他利益相关者建立伙伴关系,根据不同的主题以具体方式提高其行动能力。②

欧洲环境政策研究所 45 年来通过其跨越生物能源、土地利用、循环经济等多个领域的研究与实践经验展示了环境智库如何在短期政策问题和长期战略研究中发挥作用,凭借其在欧洲政策和立法方面的广泛专业知识,为实现可持续发展政策提供

---

① "Institute-History", International Institute for Applied Systems Analysis, https://iiasa.ac.at/about-iiasa/institute/history.

② "About IDDRI-Research partners and Influence networks", IDDRI, https://www.iddri.org/en/about-iddri/research-partners-and-influence-networks.

以影响力为导向的建议和情报。该研究所注重通过协调并参与许多泛欧倡议和网络来持续发挥引领作用，如 Think 2030 由欧洲环境政策研究及其合作伙伴于 2018 年推出，是一个基于证据的无党派平台，由来自欧洲智库、民间社会、私营部门和地方当局的政策专家组成。①

日本公益财团法人笹川和平财团海洋政策研究所作为推动海洋可持续发展的开拓者，致力于构建海洋治理的新格局。该研究所通过将重大海洋问题纳入国际条约，并对气候变化的减缓和适应措施进行研究提出政策建议，为日本国内外的讨论和进展作出了贡献。②

国家应对气候变化战略研究和国际合作中心是中国应对气候变化的国家级战略研究机构和国际合作交流窗口，具体涉及应对气候变化国际谈判、双多边磋商、全球气候治理、政府间气候变化专门委员会评估报告等方面的研究和技术支持工作，开展应对气候变化双多边合作、南南合作、"一带一路"等方面政策研究、项目实施和技术支持，承办气候变化领域国际合作与交流活动。③

自然资源部海洋发展战略研究所通过参加双多边政府间涉海机制发挥其国际影响，长期参加政府间涉海磋商机制和进程，包括《联合国海洋法公约》缔约国大会、联合国海洋和海洋法问题不限成员名额非正式磋商会议、联合国国家管辖外海域生物多样性保护和可持续利用（BBNJ）政府间会议、联合国海洋大会、国际海底管理局会议、联合国教科文组织政府间海洋学

---

① "Who We Are", Institute for European Environmental Policy, https://ieep.eu/who-we-are/.

② "About OPRI"，2024 年 7 月 9 日，OPRI 海洋政策研究所，https://www.spf.org/opri/profile/。

③ 国家应对气候变化战略研究和国际合作中心（http://www.ncsc.org.cn/）。

委员会会议、《生物多样性公约》缔约方会议、《南海各方行为准则》高官会和联合工作组会议、亚太经合组织（APEC）海洋与渔业工作组会议等。①

中国科学院生态环境研究中心作为国家"一带一路"高质量发展在生态环境领域的重要科技支撑力量，依托"中国科学院—发展中国家科学院水与环境卓越中心"，参与解决"一带一路"共建国家重大民生问题，通过政产学研协同深入推进"一带一路"水与环境科技合作。②

（2）数据驱动

在数据驱动方面，环境智库需依托精确、广泛的环境数据收集与分析，以支撑其研究成果和政策建议的科学性和实效性。这包括：采用现代技术手段，包括遥感技术、大数据分析等，进行环境变化监测，提供准确的环境数据和趋势分析；通过数据分析揭示环境问题的根本原因，评估不同政策选择的潜在影响，为政策决策提供量化分析的基础；建立和维护环境数据的数据库，促进数据的共享与交流，支持全球环境治理的信息化和透明化进程。

世界资源研究所在 1982 年创立之初，创始人和领导层意识到实现变革需要科学合理且实用的研究和分析，因而要建立一个以科学和证据为基础的机构而非激进组织，对全球环境和发展问题进行严格的政策研究。该研究所认为良好的数据是良好决策的基础，其生产数据集、数据产品和基于数据的工具，并对外免费提供。世界资源研究所的 10 个独特数据平台使用户能

---

① 《本所简介》，2024 年 7 月 9 日，自然资源部海洋发展战略研究所，http://www.cimamnr.org.cn/node/271。

② 《所况简介》，2024 年 7 月 9 日，中国科学院生态环境研究中心，https://rcees.cas.cn/zx/sk/。

够利用卫星监测森林、跟踪气候变化的驱动因素、了解土著社区的土地权利、制订水资源短缺计划、研究全球环境问题的各个方面等。世界资源研究所的数据实验室于2020年启动，支撑整个研究所的工作，帮助研究人员充分利用数据革命的力量和现代技术解决当今最紧迫的问题。①

阿根廷国家水研究所以水文监测和预判数据，实现从地方性议题到国际议题的贡献。在地方层面，如圣达菲省农业生产相关水资源供应情况分析项目，其研究结果提供了关于水资源供应、厄尔尼诺现象和农业之间关系的更多知识，并将虚拟空间与气象、农业气候和水文数据预测相结合，为支持圣达菲省及阿根廷全国层面的相关决策提供了工具。在国际层面，"拉普拉塔盆地水文警报"系统致力于开发和运营拉普拉塔盆地的水文预报和预警服务，协调与水资源相关的数字和文献信息，并同该地理区域内的其他国家共享数据和研判形势，为整个区域水文预警能力的提升作出贡献。②

亚马孙人类与环境研究所对亚马孙地区的专业研究和监控知识使其在数据和技术方面处于全球领先地位，为世界各地的许多组织提供参考。亚马孙人类与环境研究所的"亚马孙监控"项目通过卫星图像检测、量化和监测合法亚马孙地区的森林砍伐、森林退化、伐木、非官方道路和其他形式的人类压力，监测结果通过地理信息系统（GIS）与多个数字地图相结合，用于确定环境问题和区域规划，该计划还制定相关的公共政策建议等并战略性

---

① "Our History: 40 Years of Impact", World Resources Institute, https://www.wri.org/about/history.
② "Estudios y Proyectos", Instituto Nacional de Agua, http://ina.gov.ar/index.php?seccion=43.

地传播其成果，为减少森林砍伐和森林退化作出贡献。①

荷兰三角洲研究院近百年的历史中在水资源和地下领域积累了可靠的专业知识。其研究领域包括干旱、洪水、海平面上升、地面沉降、供水、能源转型、未来基础设施建设、构建韧性城市等。该研究所结合知识和研究，并利用专家团队、实验设施、关键技术、专业软件和数据产品，为政策制定者和商界提供咨询，应对当今世界面临的挑战。②

美国环境法研究所通过提供客观数据和分析，弥补公众对环境问题认知的不足，并为重要的环境决策提供信息支持，研究范围广泛涉及美国政府对化石燃料和可再生燃料的补贴，研究和描述跨大西洋纳米技术监管合作的路径。为促进基于共同可靠信息源的深入对话，该研究所还为参与重大环境挑战的各方提供难以获取的资源和信息集合。③

墨西哥国家生态与气候变化研究所主要研究领域为污染与环境健康、绿色增长、适应气候变化、减缓气候变化、气候变化政策评估。如该研究所向联合国提交《墨西哥国家信息通报》，提供该国在执行气候变化政策和计划方面进展状况的定期信息，还通过监测墨西哥汞矿开采业并开发替代生计来减少环境和全球风险。④

印度科学与环境中心污染监测实验室是一个独立的分析实

---

① "Amazon Monitoring", Imazon, https://imazon.org.br/en/programs/amazon-monitoring/.

② "Onze Expertises", Deltares, https://www.deltares.nl/expertise/onze-expertises.

③ "Who We Are-About the Environmental Law Institute", Environmental Law Institute, https://www.eli.org/about-environmental-law-institute.

④ "INECC-Instituto Nacionalde Ecología Ycambio Climático", Gobierno de México, https://www.gob.mx/inecc.

验室，负责监测环境的有毒污染，并利用监测结果来倡导改善该国毒素使用的监管，从而将研究与倡导相结合实现其"基于知识的行动主义"的宗旨。①

生态环境部环境规划院为生态环境部、其他相关政府部门及相关行业在应对气候变化领域的决策提供支持，建立有特色的技术方法体系，形成能够全面支持碳达峰碳中和的模型工具、技术方法、权威数据和品牌产品，包括承担温室气体排放清单方法学研究、中国高空间分辨率排放网格数据库（CHRED）等温室气体排放清单数据库建设、多尺度二氧化碳排放特征动态分析等，开展重点行业或领域排放趋势分析和跟踪研判，重点行业和重点领域温室气体排放达峰和削减路径研究。②

(3) **在地行动**

在地行动方面，智库应将其研究成果和政策建议转化为具体的环境治理措施和实践。具体做法包括：与地方政府和社区密切合作，实施具体的环境保护项目和可持续发展计划，针对地方性环境问题提出解决方案；通过在地实践，检验政策建议的实际效果和可行性，为政策的调整和优化提供实证基础；利用跨国智库网络，分享最佳实践和成功经验，支持地方性组织和机构在全球环境治理中的参与和作用；开展环境教育和公众宣传活动，提升公众的环境意识，增加公众参与环境保护的积极性和主动性。

斯德哥尔摩环境研究所在全球设有多个分中心，各自开展符合在地特色的研究与行动。牛津中心专注于将气候相关问题

---

① "About CSE", Centre For Science and Environment, https://www.cseindia.org/page/aboutus.

② 《碳达峰碳中和研究中心》，2024年7月9日，生态环境部环境规划院，http://www.caep.org.cn/zclm/qhbhyhjzcyjzx/。

与可持续发展的科学和政策结合起来，改善决策过程中的气候服务，促进气候科学与适应政策之间的联系。非洲中心位于肯尼亚内罗毕，与非洲组织紧密合作，专注于能源、气候变化及可持续城市化研究。塔林中心在波罗的海地区和欧盟开展应用研究，关注可持续发展、气候和能源计划、环境管理等领域。亚洲中心推动多项倡议和计划，涉及气候变化、灾害与发展等多个主题，同时为所有研究领域提供政策支持。拉美中心则关注该地区的重大变革，以哥伦比亚为中心，研究环境管理、生物经济、公正能源转型等议题。美国中心是一家非营利性研究机构，在能源、水和气候政策方面与决策者互动。约克中心位于约克大学，专注于空气质量、气候变化等多元化议题，利用公民科学等方法帮助政策制定者做出明智决策。[①]

亚马孙保护与可持续发展研究所旨在促进亚马孙地区自然资源的价值化和可持续利用，并寻求环境保护、社会发展和减缓气候变化的替代方案。该研究所在亚马孙地区工作超过16年，触及约5000个家庭，分布在10个城市，因其与农村生产者、传统社区、河滨社区和土著居民的合作而在巴西乃至国际上脱颖而出，日益巩固其作为具有高度相关性和影响力的非政府组织之一的地位。[②]

秘鲁灾害研究与预防中心因其在秘鲁和拉丁美洲地区所作贡献的高效率和有效性，而被公认为国家和国际层面灾害风险管理方面的技术权威机构。该中心在秘鲁的多个地区特别是最易受灾害影响的地区开展工作，与地方和区域政府及公共和私人机构协调合作，开展风险研究，提供技术援助，促进教育和

---

① "Centres", SEI, https://www.sei.org/about-sei/organization/centres/.
② "About Us", Idesam, https://idesam.org/en/sobre/.

公民参与。①

卢旺达可持续发展倡议关注自然资源的公平获得与使用、土地权、气候变化适应。该机构目前在卢旺达 30 个区中的 11 个区设有办事处。与基层社区成员及不同层级、部门和地区的地方领导人密切合作，并积极参与区域和国际网络，包括国际土地联盟—非洲节点、全球绿色增长研究所指导委员会、全球民间社会网络、联合国妇女土地权利小组等。②

新加坡国立大学环境与可持续发展研究所致力于帮助亚洲其他国家设计并推出与之相适的政策工具和政策组合，主要研究领域包括海洋与水、生物多样性和土地利用、气候与能源、可持续生计。③

新西兰气候变化研究所研究极端天气事件对新西兰和新西兰人的影响，同时开发工具来改进对这些事件的预测；关注气候变化的不平等，探讨了气候变化对不同发展阶段国家的不同影响；使用简单的、基于物理的气候变化模型来帮助全球和国家政策制定者澄清问题。④

可持续发展与环境中心旨在重新赋予伊朗土著和当地传统社区权力，践行自我管理或协作管理的方法，促进自然资源包括牧场、森林、旱地、湿地、野生动物、海洋和沿海、水资源等的社区管理和共同管理，了解并加强土著和传统习惯法等，促进地

---

① "QuIénes Somos", Predes Centro de Estudios y Prevención de Desastres, https://predes.org.pe/institucional/.
② "Risd in Brief", Rwanda Initiative for Sustainable Development, https://risdrwanda.org/brief.php.
③ "About Us", Lee Kuan Yew School of Public Policy, National University of Singapore, https://lkyspp.nus.edu.sg/ies/about-us.
④ "About Us", New Zealand Climate Change Research Institute, https://www.wgtn.ac.nz/nzccri.

方、国家和国际层面对土著和社区保护区等的支持与认可。①

非洲环境经济与政策中心专注于提高非洲研究人员在环境经济学和政策调查方面的能力，同时提高环境和经济管理者对环境经济学在可持续发展中作用的认识。该中心的工作有助于加深对非洲特定环境问题的理解和解决方案的探索。②

中国环境科学研究院组织开展国家长江生态环境保护修复联合研究，把脉问诊制约长江生态环境保护修复的难点问题和关键环节，形成一套清单、一套技术体系、一套解决方案和一个智慧决策平台，全力支撑长江保护修复专项行动，还向长江沿线城市派驻58个专家团队深入一线同时提供技术支持和解决方案，助力打好长江保护修复攻坚战。③

（四）结论与启示

环境问题是一个跨越国界、触及多方利益的复杂议题，因而对国际社会的协调一致行动有更高要求。环境智库通过公共思想产品、问题解决方案、环境知识理念、环境倡导和跨国智库网络的生产与供给，以思想引领、数据驱动与在地行动等策略，推动了不同层次的环境政策的形成与实施，为全球环境治理提供了重要的智力支持和行动指南。其中，主要的经验启示可以提炼总结为以下三点。

---

① "About Us", Cenesta Centre for Sustainable Development and Environment, https://www.cenesta.org/en/presentation/.

② "Mission and Objectives", CEEPA, https://www.up.ac.za/ceepa-the-centre-for-environmental-economics-and-policy-in-african/article/2356402/mission-and-objectives.

③ 《单位介绍》，2024年7月9日，中国环境科学研究院，https://www.craes.cn/zjhky/zzjg/kydw/cjjjdsthj/。

第一，开拓思想前沿，引入创新视角，构建广泛共识。这要求环境智库不仅要关注当前短期的环境问题，更要深入研究和预判未来的环境治理趋势，提高研究的思想性、前瞻性、战略性，以创新的视角深化对环境议题的理解，引领全球环境治理的议程设置，并搭建平台推动国际对话与合作，促成更多完善环境治理体系与能力的全球性或区域性共识。

第二，注重数据驱动，以扎实的科学研究提供稳健的决策支撑。依托精确和广泛的数据收集与分析，环境智库在环境变化监测、趋势分析和政策评估方面提供了科学的基础和支持，而基于数据和证据的决策咨询研究才能更进一步提升环境决策的科学性、有效性和可靠性。与此同时，通过环境数据的共享和交流，环境智库也能为全球环境治理的信息化和透明化作出贡献。

第三，落实在地行动，助力政策执行的"最后一公里"。当前环境智库越发重视将研究成果转化为具体的环境治理措施和实践。它们选择扎根基层，与地方政府、社区及其他利益相关者展开合作，针对具体的环境问题提出因地制宜的解决方案。在拉近知识、政策与实践之间的距离，检验政策建议可信性的同时，落实在地行动的策略也能够促进社区参与和增强公众环境意识，更进一步增强政策的接受度和实施效果。

随着全球环境问题的日益复杂和紧迫，环境智库的角色势必会越发重要，这就要求它们不断提升自身的吸引力、管理力与影响力，不仅能够提升自身能力和持续创新策略，还应致力于构建和维护跨领域、跨界别的合作网络，不断加强与政府、非政府组织、企业和公众的沟通与合作，共同推动全球环境治理的进步。

五 文化智库

盛世修文，文载盛世。文化直接寄托着人民群众对于美好生活的向往与热爱，文化政策与文化研究也日益受到学界和业界的关注和重视。全球文化智库是全球文化治理的重要主体，它们通过开展文化研究、塑造文化认同、推动文化交流等方式，在以文明交流超越文明隔阂、以文明互鉴超越文明冲突、以文明共存超越文明优越的伟大事业中发挥了重要作用。本部分基于"全球智库综合评价AMI指标体系（2023）"，结合全球文化智库在全球文化治理中的使命与行动，对全球文化智库开展评价研究，形成需要关注的文化智库名单，并对其中的典型案例进行分析和比较研究，以期为中国特色新型文化智库建设及其相关事业建言献策。

值得注意的是，与相对明确而"硬核"的研究领域不同，文化及相关现象的边界总是模糊的。也正因如此，本部分对于文化智库及相关现象的概念界定方法和评价研究路径也与前述章节有所不同。

（一）全球文化治理的意义

1. 文化与文明

究其本质，文化就是可复制的信息，这些信息可以通过教学、模仿等形式在一定范围的人类群体中反复传播。① 类比生物系统中自我复制的单元"基因"（gene），学者将文化的复制单元称为"迷因"（meme，又译为模因、觅母、迷米等）。② 广义而言，人类社会生活中的曲调、语句、服饰、设计都是迷因，而这些基于迷因传播产生的所有排列组合都可以被称为"文化"。可见，对于社会科学而言，文化似乎是一个无所不包而几乎失去意义的术语。

在全球治理的视野下，我们关注的"文化"主要是指与权力密切相关的群体观念，如国家认同、国家形象、历史记忆、政治立场、宗教信仰、社会规范、价值观等，以及承载这些观念的符号与实体。文明则是某一时空中某一群体内主流文化的集中表现。既有文献认为，根据语言来划分，全球大约有 7000 种微观文化；根据民族国家来划分，全球大约有 200 种中观文化；根据主要宗教来划分，全球大约有 8 种宏观文化。③

一般而言，社会发展阶段相似或地理疆域相邻的国家会表现出文化的相似性，甚至可能被视为同一文明中的"近亲"分支。相对地，不同的历史和遥远的距离则很有可能孕育文化间的巨大差异。

塞缪尔·亨廷顿（Samuel P. Huntington）认为，冷战结束后，在很大程度上被社会主义—资本主义意识形态之争压制的文明冲突会变得越来越凸显。根据亨廷顿的理论，当代世界存在中华文明、日本文明、印度文明、伊斯兰文明、西方文明、东正教文明、拉美文明，还可能存在非洲文明。亨廷顿指出，

---

① Peter J. Richerson and Robert Boyd, *Not by Genes Alone: How Culture Transformed Human Evolution*, Chicago: University of Chicago Press, 2008.

② Richard Dawkins, *The Selfish Gene* (40th Anniversary Edition), Oxford: Oxford University Press, 2016, pp. 245-260.

③ Miguel E. Basáñez, *A World of Three Cultures: Honor, Achievement and Joy*, Oxford: Oxford University Press, 2016, p. 252.

西方文明开始衰落，伊斯兰文明和亚洲诸文明的影响力则逐渐上升，文明力量对比的变化将重塑世界政治格局。①

新加坡前总理、"国父"李光耀也曾指出，东亚和东南亚地区长期深受儒家思想浸染，在当代表现出不同于西方价值观的"亚洲价值观"（Asian values），包含个人层面的勤奋、家庭层面的孝顺、社会层面的和谐、政治层面的国家优先、经济层面的政府主导等。②

罗纳德·英格尔哈特（Ronald F. Inglehart）等则从实证的角度检验了不同国家的文化差异性。基于广为人知的"世界价值观调查"（world values survey）数据，英格尔哈特等根据各国人民在"传统权威—世俗理性"和"生存优先—自我表达"两个价值观维度上的位置，绘制了包含全球主要国家及其所属"文化圈"（cultural zone）的文化地图。其中，非洲伊斯兰地区的民众最为偏重传统权威与生存优先；新教欧洲地区的民众则最为偏重世俗理性和自我表达；包含中国在内的儒家文化圈同样偏重世俗理性，但在"生存优先—自我表达"的维度上处于居中位置；包含美国在内的英语文化圈较为偏重自我表达，但在"传统权威—世俗理性"的维度上处于居中位置。此外，波罗的海、天主教欧洲、南亚、拉美等地区的民众也组成了各不相同的文化圈。③

---

① ［美］塞缪尔·亨廷顿：《文明的冲突与世界秩序的重建》（修订版），周琪等译，新华出版社2010年版。

② Richard Robison, "The Politics of 'Asian Values'", *The Pacific Review*, Vol. 9, No. 3, 1996, pp. 309-327; Mark R. Thompson, "Whatever Happened to 'Asian Values'?", *Journal of Democracy*, Vol. 12, No. 4, 2001, pp. 154-165; Donald K. Emmerson, "Singapore and the 'Asian Values' Debate", *Journal of Democracy*, Vol. 6, No. 4, 1995, pp. 119-128.

③ Ronald Inglehart, *Cultural Evolution: People's Motivations are Changing, and Reshaping the World*, Cambridge: Cambridge University Press, 2018.

约瑟夫·奈（Joseph Nye）认为，制度、价值观、文化、政策会对人类行为产生议程设置、吸引和促成合作的影响，也即"软实力"（soft power）。① 事实上，价值观就是文化的一部分，而政策和制度可以被视为文化被精英选择后固化的结果。因此，全球治理中各国的"软实力"在本质上都源于其文化。在"软实力"的视角下，我们也不难理解文化相似或相通的人类群体更有可能相互吸引。特别地，美国著名智库兰德公司还将国家认同视为国家竞争力的重要社会基础。②

总而言之，文化和文明不仅是我们观察和分析人类社会历史发展的重要概念，也是在实质上影响各国政治乃至全球治理的重要因素。究其本质，文化和文明都属于社会意识的范畴。马克思主义坚持社会存在决定社会意识，但同时也承认社会意识的相对独立性及其对社会存在的反作用。"所谓必不可少的需要的范围，和满足这些需要的方式一样，本身是历史的产物，因此多半取决于一个国家的文化水平……"③

2. 全球文化的十字路口

丰富的文化、璀璨的文明是人类区别于其他物种的鲜明特征，也是当代世界各国政治经济社会发展的重要基础。然而不幸的是，文化与文明的自然发展无法自动达成"善治"，文化软实力的无序扩张和恶性竞争也有可能催生彼此敌对、相互倾轧、弱肉强食的悲剧。事实上，无数具有积极意义的文化与文明都受到了霸权文明的

---

① Joseph S. Nye Jr., *Soft Power: The Means to Success in World Politics*, New York: Public Affairs, 2005, p. 8.

② Michael J. Mazarr, "The Societal Foundations of National Competitiveness", RAND, https://www.rand.org/pubs/research_reports/RRA499-1.html.

③ 马克思：《资本论》第一卷，人民出版社2004年版，第199页。

欺压，而主张你输我赢、赢者通吃的霸权文明纵使一时依靠强力占了上风，也终将湮灭于人类历史的长河之中。① 特别地，无形的文化纷争很有可能带来更为严重的有形冲突，甚至演化为族群冲突与宗教战争，进而造成大规模的人类伤亡。因此，在和平与发展的时代主题下，当代的人们越发认识到全球文化治理的重要性。

联合国教科文组织《世界文化多样性宣言》明确指出："文化在不同的时代和不同的地方具有各种不同的表现形式。这种多样性的具体表现是构成人类的各群体和各社会的特性所具有的独特性和多样化。文化多样性是交流、革新和创作的源泉，对于人类来说就像生物多样性对维持生物平衡那样必不可少。从这个意义上讲，文化多样性是人类的共同遗产，应当从当代人和子孙后代的利益考虑予以承认和肯定。"②

然而，近年来，世界政治格局先后经历了国际金融危机、欧洲债务危机、全球难民危机、英国脱欧、新冠疫情、乌克兰危机等一系列"黑天鹅"与"灰犀牛"事件的冲击。在充满深度不确定性的环境中，全球主要国家尤其是西方资本主义世界的文化也趋向保守、封闭和极化。民族主义、民粹主义等社会思潮在世界范围内明显抬头，甚至在各国之间快速"传染"；部分国家内部的族群矛盾和"文化战争"也愈演愈烈。

正如党的二十大报告所言，"世界又一次站在历史的十字路口，何去何从取决于各国人民的选择"。③ 在这一十字路口，全球

---

① 高翔：《揭示文明兴衰规律、擘画文明发展路径——全球文明倡议的理论意涵与实践价值》，《当代世界》2023 年第 4 期。

② 《世界文化多样性宣言》，https://www.un.org/zh/events/culturaldiversityday/declaration.pdf。

③ 习近平：《高举中国特色社会主义伟大旗帜　为全面建设社会主义现代化国家而团结奋斗——在中国共产党第二十次全国代表大会上的报告》，人民出版社 2022 年版，第 60 页。

治理的重大风险与挑战不仅来自国家之间安全与发展层面的冲突与矛盾，也源于文化层面的"赤字"，特别是各种形式的"文明隔阂""文明冲突"与"文明优越"。全球文化治理的"赤字"无疑是全球治理迈向更加公正合理、人类社会实现天下大同的重要阻碍与风险挑战。在这一背景下，习近平主席于2023年3月15日出席中国共产党与世界政党高层对话会并发表主旨讲话时提出了全球文明倡议，强调要共同倡导尊重世界文明多样性、共同倡导弘扬全人类共同价值、共同倡导重视文明传承和创新、共同倡导加强国际人文交流合作。习近平主席指出："在各国前途命运紧密相连的今天，不同文明包容共存、交流互鉴，在推动人类社会现代化进程、繁荣世界文明百花园中具有不可替代的作用。"①

2023年6月2日，习近平总书记出席文化传承发展座谈会并发表重要讲话，强调担负起新的文化使命。2023年10月7日至8日，全国宣传思想文化工作会议在北京召开，"习近平文化思想"被首次明确提出。

毋庸置疑，在以习近平同志为核心的党中央坚强领导下，当代中国一定会在全球文化十字路口上为全球文明的多元共存与交流互鉴作出重大贡献。

3. 全球文化治理的路径

文化认同是最深层次的认同，全球文化治理也是最深层次的全球治理。以习近平新时代中国特色社会主义思想为指导，我们认为，全球文化治理的核心要义是以全人类共同价值推动构建人类命运共同体；全球文化治理的根本路径是以文明交流

---

① 习近平：《携手同行现代化之路——在中国共产党与世界政党高层对话会上的主旨讲话》，人民出版社2023年版，第7页。

超越文明隔阂、以文明互鉴超越文明冲突、以文明共存超越文明优越。

其一，以文明交流超越文明隔阂。心理学研究发现，人类渴望友爱，但对处理陌生的信息过于"懒惰"，因此容易形成群体之间的偏见与歧视。① 特别地，人类很容易产生对其他文化和文明的刻板印象（stereotype），即通过观察某一群体中某些个体的某些行为或某些要素的某些属性，对群体本身及所有群体成员进行评判，也即一种过度简化的概括。② 可见，"相知"的不充分会直接导致"相亲"的不可能。因此，全球文化治理的根本路径之一就是推动文明之间的交流对话，以真实而丰富的信息打破既有的刻板印象、消除可能存在的偏见与歧视，通过打通文明之间的信息壁垒来消融文明之间的心理隔阂。

其二，以文明互鉴超越文明冲突。社会存在决定社会意识，所有的文化和文明都是人类认识客观世界、追求普遍规律的具体结果，所以大多具有一定的积极意义和可取之处，也都有自己的局限性和进步空间。因此，人类的发展道路并非不同文化与文明之间"你死我活"的零和博弈，而是不同文化与文明之间"你追我赶"的良性竞争。事实上，世界上绝大多数国家的绝大多数人民向往和平，历史和现实上所谓的"文明冲突"基本都是由冲突双方或第三方的极少数精英煽风点火蓄意挑起的，

---

① Gordon W. Allport, *The Nature of Prejudice*, Reading: Addison Wesley Publishing Company, 1954.

② 参见 David Matsumoto, eds., *The Cambridge Dictionary of Psychology*, Cambridge: Cambridge University Press, 2009; Marlene Mackie, "Arriving at 'Truth' by Definition: The Case of Stereotype Inaccuracy", *Social Problems*, Vol. 20, No. 4, 1973, pp. 431-447; Shunsuke Kanahara, "A Review of the Definitions of Stereotype and a Proposal for a Progressional Model", *Individual Differences Research*, Vol. 4, No. 5, 2006, pp. 306-321; 等等。

近年来各国民族主义、民粹主义的兴起也离不开极右翼政党、政客及部分媒体的议程设置。① 因此，全球文化治理的根本路径之二就是推动文明之间的取长补短、互学互鉴，让各国人民在不同时空应对不同问题的独特智慧真正成为全人类的共同财富，以包容、理性的声音反对部分政客"贩卖"的仇恨与焦虑，从根本上消解文明冲突的心理基础。

其三，以文明共存超越文明优越。"多样性是世界的基本特征，也是人类文明的魅力所在。"② 基因和物种的多样性是人与自然和谐共处的重要基础，文化和文明的多样性则是人类自身和谐共处的重要基础。近代以来，西方发达国家在经济和军事上长期处于优势地位，这导致西方价值观在很大程度上主导了世界范围内的社会思潮，进而有形或无形地不断蚕食着其他文化和文明的发展空间。在冷战结束后，这一趋势进一步加速和深化，但也逐渐引起更多的反思。因此，全球文化治理的根本路径之三就是推动破除西方中心主义、文明一元论、历史终结论等宣扬或暗含文明优越的错误思想，反对各种形式的文化霸权，保护人类文化多样性，特别是抵抗相对强势文明的文化侵略，维护相对弱势文明的文化安全，最终实现全人类文明的平等共存。

（二）智库如何参与全球文化治理

智库是全球治理的多元主体之一，也是各国软实力的重要

---

① 陆屹洲：《右翼民粹主义政党在西欧兴起的原因分析——基于因果机制的解释》，《社会主义研究》2020年第2期。

② 习近平：《同舟共济克时艰，命运与共创未来——在博鳌亚洲论坛2021年年会开幕式上的视频主旨演讲》，人民出版社2021年版，第5页。

组成部分。在参与全球文化治理时，智库主要具有如下三大功能。

1. 开展文化研究

某一时空中的某一群体表现出怎样的文化特征？他们如何认识自己，又如何看待他者？某一国家内部具有怎样的文化差异，又如何发生文化变迁？某些制度与政策具有怎样的文化基础，而又如何作用于文化？① 这一系列与文化有关的疑问是长期困扰当代社会科学的关键"黑箱"，也是智库研究政策、影响政策时面临的重要课题。事实上，充分研究并准确把握本国与他国的文化情况是各国相知相亲的前提保障，这也是智库之"智"的一大用武之地。因此，智库参与全球文化治理的功能之一就是通过民意调查、舆情分析、历史追溯、案例比较等具体手段开展文化研究，以准确的数据、翔实的资料客观展现各国人民的真实精神面貌，去伪存真、激浊扬清，探索文化现象的普遍性与特殊性，凝练出标志性概念和一般性命题，从而为国内国际的有关制度与政策变迁提供可靠的决策依据。

2. 塑造文化认同

文化在本质上是由人民创造的，但文化的发展也离不开精英的引导。特别地，文化认同也是在精英和大众的互动与"协调"（negotiation）中逐渐成形与不断发展的。② 在这方面，智库既是"上接天线"的制度政策研究者，也是"下接地气"

---

① Lawrence E. Harrison and Samuel P. Huntington, eds., *Culture Matters: How Values Shape Human Progress*, New York: Basic Books, 2000.

② Prasenjit Duara, *Rescuing History from the Nation: Questioning Narratives of Modern China*, Chicago: University of Chicago Press, 1997, p. 71.

的公共物品生产者,发挥着舆论引导和社会服务的重要作用。因此,智库参与全球文化治理的功能之二就是通过出版文化图书、制作文化影视节目、举办文化展览、策划文化活动等方式,提供具有本国特色的文化产品,引导民众对文化问题进行深入思考和探讨,应用多媒体渠道增进民众对文化的认知和理解,塑造民众积极、健康、理性的文化认同,消解文化中的极端主义、分裂主义等不良倾向。

3. 推动文化交流

全球文化治理是一个涉及面广、工作量大、技术性强的系统性工程。特别地,文化交流和文明对话的成效不仅取决于各国精英和民众的意愿,也取决于具体承办有关工作的组织的口碑和能力。在国际传播和公共外交方面,相对独立于政府和政党,又具有国际化专业素养的智库就显示出了得天独厚的优势,进而成为"二轨"对话的重要推动者。因此,智库参与全球文化治理的功能之三就是承办品牌会议活动、筹建国际对话机制、联络各国重要媒体,会聚各国政要、专家学者、社会精英等"关键少数",同时广泛辐射各国普通民众,尊重差异、澄清误解,不断推动各国之间由上到下的文化交流。

值得注意的是,上述三大功能并非泾渭分明,也不能被孤立地看待。智库在参与全球文化治理时可能会同时发挥多项功能。此外,文化的抽象性和复杂性在很大程度上掩盖了文化与政策之间的直接联系,因此全球范围内智库对于文化的关注起步较晚、积累较少。时至今日,相对于政治外交、经济金融、生态环境等更为具体、更为热门的领域,专门以文化命名或特别局限于文化领域的智库仍然少见。因此,如果某些综合性的智库有专职人员长期从事文化领域研究,并切实发挥了上述开展文化研究、塑造文化认同、推动文化交流等参与全球文化治理的功能,我们也将其纳入广义文化智库的范畴。

(三)需要关注的文化智库

1. 整体图景

课题组基于"全球智库综合评价 AMI 指标体系(2023)",结合文化智库及其参与全球文化治理的特点开展评价研究,具体而言,重点关注以下三个方面。①在吸引力方面:持续吸引人文社会科学学者、文化政策制定者、文化传媒从业者、文化界名人成为内外部专家,拥有多元且稳定的资金来源,具备能够支撑研究的办公场所与数据资料。②在管理力方面:符合本国法律与国际规范,持续深耕文化领域,积极回应文化管理部门的决策咨询需求和学界、媒体与民众对文化现象的关切,稳定地运营与文化相关的项目和平台,科研团队掌握经典(抽样调查、案例分析等)与新兴(大数据、人工智能等)的文化研究方法。③在影响力方面:向国内外提供文化公共物品,助力文化政策出台与落地,塑造本国、本族、本区域民众积极、理性、健康的文化认同,推动不同国家、族群与区域之间的文化交流与文明互鉴。

课题组从中国社会科学评价研究院全球智库数据库中遴选出 166 家文化智库进入评审样本池,经过第一轮书面评审、专家会审、样本智库增补、第二轮书面评审等多个评价环节,最终遴选出全球 21 家"需要关注的文化智库",包含 6 家国内智库与 15 家国外智库,具体名单如表 5.1 所示。

表5.1　　　　　　　　　　　　　需要关注的文化智库

中文名	原文名	缩写	总部所在国家
弗里德里希·艾伯特基金会	Friedrich-Ebert-Stiftung	FES	德国
全俄民意研究中心	Всероссийский центр изучения общественного мнения	ВЦИОМ	俄罗斯
加布里埃·佩里基金会	Fondation Gabriel Péri	—	法国
弗吉尼亚大学文化高等研究院	Institute for Advanced Studies in Culture, University of Virginia	IASC	美国
哈佛大学肯尼迪学院肖伦斯坦媒体、政治和公共政策中心	Shorenstein Center on Media, Politics, and Public Policy, Harvard Kennedy School	—	美国
美国艺术协会	Americans for the Arts	—	美国
皮尤研究中心	Pew Research Center	PEW	美国
芝加哥大学国家民意调查中心	National Opinion Research Center at the University of Chicago	NORC	美国
特定非营利活动法人言论NPO	特定非営利活動法人NPO政策研究所	—	日本
费萨尔国王学术与伊斯兰研究中心	مركز الملك فيصل للبحوث والدراسات الإسلامية	KFCRIS	沙特阿拉伯
尤索夫伊萨东南亚研究院	ISEAS-Yusof Ishak Institute	ISEAS	新加坡
耶路撒冷政策研究所	מכון ירושלים למחקרי מדיניות	—	以色列
葛兰西基金会	Fondazione Gramsci	—	意大利
辨喜国际基金会	Vivekananda International Foundation	VIF	印度
波利斯（伦敦政治经济学院传媒智库）	Polis（LSE's media think-tank）	—	英国
当代中国与世界研究院	—	—	中国
国家记忆与国际和平研究院	—	—	中国
中国藏学研究中心	—	—	中国
中国社会科学院文化研究中心	—	—	中国

续表

中文名	原文名	缩写	总部所在国家
中国新闻出版研究院	—	—	中国
中国艺术研究院	—	—	中国

注：排名不分先后，按总部所在国家中文音序排列。

资料来源：课题组根据机构官方网站信息整理编制。

根据研究需要，对这21家文化智库的基本信息，包括总部所在地、创立年份、相关议题进行整理，详情如表5.2所示。相关信息均以智库官方网站显示内容为准。

表5.2　　　　需要关注的文化智库信息

名称	总部所在地	创立年份	相关议题
弗里德里希·艾伯特基金会	德国（波恩、柏林）	1925	文化交流 移民问题
全俄民意研究中心	俄罗斯（莫斯科）	1987	民意调查 青年问题 国家认同 宗教问题
加布里埃·佩里基金会	法国（庞坦）	2004	马克思主义 历史与哲学
弗吉尼亚大学文化高等研究院	美国（夏洛茨维尔）	1995	资本主义与全球变迁 道德与伦理 宗教问题
哈佛大学肯尼迪学院肖伦斯坦媒体、政治和公共政策中心	美国（剑桥）	1986	新闻与媒体 信息生态 种族与性别
美国艺术协会	美国（华盛顿）	1960	艺术教育 艺术与经济 民众的艺术观念
皮尤研究中心	美国（华盛顿）	2004	国际民意调查 新闻与媒体 宗教与公共生活 全球态度与趋势

续表

名称	总部所在地	创立年份	相关议题
芝加哥大学国家民意调查中心	美国（芝加哥）	1941	民意调查 社会与文化
特定非营利活动法人 言论 NPO	日本（东京）	2001	文化交流 公民社会哲学 地方文化政策
费萨尔国王学术与伊斯兰研究中心	沙特阿拉伯（利雅得）	1983	文化交流 阿拉伯与伊斯兰文明 社会政策与社会文化 区域国别问题
尤索夫伊萨东南亚研究院	新加坡（新加坡）	1968	区域社会和文化研究 宗教问题 移民问题
耶路撒冷政策研究所	以色列（耶路撒冷）	1978	文化与旅游 社会与人口 宗教问题
葛兰西基金会	意大利（罗马）	1950	历史与哲学 形象与传播 戏剧与电影 文献与档案
辨喜国际基金会	印度（新德里）	2009	历史和文化 印度文明 区域国别问题
波利斯（伦敦政治经济学院传媒智库）	英国（伦敦）	—	新闻与媒体
当代中国与世界研究院	中国（北京）	2004	国际民意调查 国际舆论 对外传播 区域国别问题
国家记忆与国际和平研究院	中国（南京）	2015	历史与记忆 国家公祭 和平文化
中国藏学研究中心	中国（北京）	1986	西藏文化 涉藏地区的历史与发展
中国社会科学院文化研究中心	中国（北京）	2000	综合文化研究 文化政策与文化发展
中国新闻出版研究院	中国（北京）	1985	新闻出版及相关领域

续表

名称	总部所在地	创立年份	相关议题
中国艺术研究院	中国（北京）	1951	文化艺术及相关领域 文化强国 国家文化公园

注："—"表示该机构官方网站没有公开创立年份。

资料来源：课题组根据机构官方网站信息整理编制。

上述21家"需要关注的文化智库"充分表现出了与全球文明格局相呼应的多样性。从所在城市来看，"需要关注的文化智库"既符合智库向权力核心靠近的普遍规律，也反映出特殊历史记忆的地理遗产。从成立时间来看，"需要关注的文化智库"里既有弗里德里希·艾伯特基金会这样见证沧海桑田的"百年老店"，也有国家记忆与国际和平研究院这样成立不足十年的新生力量。从研究领域来看，"需要关注的文化智库"里既有辨喜国际基金会这样同时关注文化领域和其他领域的智库，也有中国社会科学院文化研究中心这样广泛关注文化领域各议题的智库，还有中国藏学研究中心、国家记忆与国际和平研究院等关注特定地区文化或特定文化议题的智库。从机构性质来看，"需要关注的文化智库"里既有来自哈佛大学、伦敦政治经济学院等著名大学的研究机构，也有特定非营利活动法人言论NPO、耶路撒冷政策研究所等一般意义上的独立非营利组织，还有全俄民意研究中心这样颇具特色的俄罗斯"国企"。因其公益性质，6家上榜的中国文化智库都属于事业单位（含下属单位）的范畴，这也反映了目前中国特色新型智库以事业单位为主体、遵循"归口管理"逻辑的基本格局。

此外，上述21家智库在资金规模、人员数量、治理结构等方面也都表现出了丰富的多样性，不失为当前全球各级各类智库蓬勃涌现的一个缩影。

2. 关注案例

究其本质，我们可以发现这21家"需要关注的文化智库"在不同的时空尺度上关注着人类文明历史中最重要的文化线索，并以其研究成果进一步影响了这些文化线索的发展。

第一，古老文明与传统宗教的当代意涵。对文明与宗教的追根溯源在很大程度上是历史学家的职责使命，但发掘其当代意涵并寻求以研究成果来影响公共政策，则无疑属于智库的工作内容。

作为研究印度文明及相关问题的智库代表，辨喜国际基金会是一个名副其实的综合性智库，其下设国家安全与战略研究中心、国际关系与外交中心、治理与政治研究中心、经济研究中心、历史与文明研究中心及周边国家研究中心。事实上，该智库的名称即取自印度近代著名的哲学家、宗教改革思想家辨喜［斯瓦米·韦委卡南达（Swami Vivekananda）］。这无疑在很大程度上宣示了辨喜国际基金会对于古印度文明和印度教的"扬弃"态度。

2023年9月，辨喜国际基金会发表了专题文章《将宗教与种姓等同起来是不公平的：辨喜的见解》，回顾和重申了辨喜坚守印度教文化认同而又宣扬人人平等的立场，并在此基础上呼吁当代印度清除种姓积弊、弥合社会分歧、重新凝聚于印度教精神之下。①

此外，辨喜国际基金会近期的文化研究成果还涵盖了印度

---

① Arpita Mitra, "Not Fair to Equate Religion with Caste: Insights from Swami Vivekananda", Vivekananda International Foundation, https://www.vifindia.org/article/2023/september/25/Not-Fair-to-Equate-Religion-with-Caste-Insights-from-Swami-Vivekananda.

与印度尼西亚的历史渊源和文化外交①、甘地非暴力思想的当代影响②、尼维迪泰修女精神与当代印度妇女的境况③、印度森林和山地居民的文明转型④、"巴拉特"的历史与现实意义⑤，等等。

作为关注阿拉伯与伊斯兰文明及相关问题的智库代表，费萨尔国王学术与伊斯兰研究中心的使命并不局限于研究，其对文明和宗教当代意涵的发掘与传播也不限于本国本地。该智库传承费萨尔·本·阿卜杜勒阿齐兹国王关于传播科学与知识的使命，致力于提供一个知识平台，汇集本地、区域和全球的研究人员及研究组织，开展人文和社会科学领域的原创性研究，并进行知识讨论和跨文化对话。该智库下设社会经济研究组、非洲研究组、亚洲研究组等。

费萨尔国王学术与伊斯兰研究中心曾参与发布《沙特阿拉伯王

---

① Prof Gautam Kumar Jha, "Indian Epics Potential Bridge: India and Indonesia", Vivekananda International Foundation, https://www.vifindia.org/article/2023/september/06/Indian-Epics-Potential-Bridge-India-and-Indonesia.

② Rup Narayan Das, "Gandhi: The Apostle of Non-Violence", Vivekananda International Foundation, https://www.vifindia.org/2023/october/01/Gandhi-The-Apostle-of-Non-Violence.

③ Dr Arpita Mitra, "Sister Nivedita to the Women of Modern India", Vivekananda International Foundation, https://www.vifindia.org/article/2023/november/16/sister-nivedita-to-the-women-of-modern-india.

④ Dilip K. Chakrabarti, VIF History Volumes, "Forest and Hills People: Civilizational Issues in the Context of India", Vivekananda International Foundation, https://www.vifindia.org/2023/november/14/forest-and-hills-people-civilizational-issues-in-the-context-of-india.

⑤ S Gurumurthy, Chairman, VIF, "S Gurumurthy Enlightens About Bharat's Significance And India's History", Vivekananda International Foundation, https://www.vifindia.org/2023/september/06/S-Gurumurthy-Enlightens-About-Bharat-s-Significance-And-India-s-History.

国文化状况报告》(2019—2021 年),为外部世界了解当代沙特阿拉伯的文化状况提供了重要参考。该中心还定期推出与阿拉伯和伊斯兰文明有关的学术论文(网站《研究》栏目)、人文文章(网站《阅读》栏目)和政策分析(网站《路径》栏目)等研究成果。

此外,值得注意的是,费萨尔国王学术与伊斯兰研究中心特别注重与中国的文化交流和文明互鉴,近年来其与中国社会科学院①、上海外国语大学②、博鳌亚洲论坛研究院③等国内单位均有密切联系与互动。该中心也是极少数建有完整中文网站的国外智库。

类似地,在"三教圣城"耶路撒冷,文明与宗教的历史遗产自然也是公共政策与智库研究永远无法绕开的议题。在这方面,耶路撒冷政策研究所长期运营"耶路撒冷和以色列国的基督徒和基督教"④ 以及"耶路撒冷的共享空间"⑤ 等研究项目,并于近

---

① 《沙特阿拉伯学者访问西亚非洲研究所》,2017 年 7 月 6 日,中国社会科学院西亚非洲研究所,http://iwaas.cass.cn/xshd/xsjl/201707/t20170706_3571428.shtml。

② 《上外授予沙特亲王图尔基·费萨尔名誉博士学位》,2015 年 4 月 26 日,上海外国语大学中东研究所,https://mideast.shisu.edu.cn/03/ef/c3998a66543/page.htm。

③ 《博鳌亚洲论坛研究院与沙特费萨尔国王学术与伊斯兰研究中心联合举办"国际经济形势"座谈会》,2019 年 10 月 28 日,中华人民共和国驻沙特阿拉伯王国大使馆,http://sa.china-embassy.gov.cn/chn/gdxw/201910/t20191028_1645321.htm。

④ Amnon Ramon, "Christians and Christianity in Jerusalem and the State of Israel: The complex and complicated relationship between the Christian world and the State of Israel", Jerusalem Institute for Policy Research, https://jerusaleminstitute.org.il/en/projects/christians-and-christianity/.

⑤ Tehila Bigman, "Shared Spaces in Jerusalem: In a Mixed City, we Must Understand how Populations Make Joint use of Public Spaces in a Positive Manner", Jerusalem Institute for Policy Research, https://jerusaleminstitute.org.il/en/projects/shared-spaces-in-jerusalem/.

年连续推出了《犹太国家中的基督教与基督徒——以色列对教会和基督教社区的政策（1948—2018）》①《耶路撒冷的共享空间：挑战与希望》②《针对消除讲俄语的以色列人的系统性障碍的建议》③等重要研究成果，对以色列的有关政策产生了一定影响。

第二，资本主义现代化与后现代化中的文化变迁。工业革命以来，资本主义的全球大发展无疑是人类文明史上的大事件，西方世界领导的现代化与后现代化也无疑形塑了几代人的价值观与生活方式。因此，西方不少文化智库致力于应用社会科学的各类研究方法来捕捉人们的精神生活状态，以推动更为科学的文化政策及相关政策。当然，对于站在资本主义现代化与后现代化"浪潮之巅"的美国而言，这些文化智库就更为活跃。

自1972年美国综合社会调查（general social survey）首次开展以来，芝加哥大学国家民意调查中心的这一品牌项目已经持续运营了半个世纪。美国综合社会调查的项目实施间隔为1—2年，通过代表性抽样就一系列主题详细记录了美国民众50年来的生活状况，包含认同、宗教、价值观、意识形态、道德等重要的文化议题，不失为美国现代化与后现代化过程中的民意"温度计"。美国综合社会调查长期被视为社会科学高质量数据的标杆，并被

---

① Amnon Ramon, "Christianity & Christians in the Jewish State", Jerusalem Institute for Policy Research, https://jerusaleminstitute.org.il/en/publications/christianity-christians-in-the-jewish-state//.

② Tehila Bigman, "Shared Spaces in Jerusalem Neighborhoods: Challenges and Hopes", Jerusalem Institute for Policy Research, https://jerusaleminstitute.org.il/en/publications/shared-neighborhoods/.

③ Dganit Levi, Dvora Abramzon Brosh and Inna Orly Sapozhnikova, "Recommendations for Eliminating Systemic Barriers for Russian Speaking Israelis: Conversion, Civil Service Representation and Access to Rights for Older Adults", Jerusalem Institute for Policy Research, https://jerusaleminstitute.org.il/en/publications/1milionlobby/.

多个国家移植模仿。

除美国综合社会调查外，芝加哥大学国家民意调查中心还持续运营着数个专题民意调查研究项目。截至 2024 年 7 月，该智库已经对 77 个相关领域开展了 500 多个研究项目。支撑这些调查研究的是一个十分庞大而精锐的智库团队。根据其官方网站公开数据，芝加哥大学国家民意调查中心拥有 400 多名专家组成的研究队伍，其工作人员总数更是超过了 3000 人。该智库也因此被视为美国智库高度产业集群化的代表。[1]

皮尤研究中心同样以民意调查著称，有国内学者甚至直接将其称为"民调型智库"。[2] 不过，皮尤研究中心的研究视野更为广阔。自 2001 年以来，皮尤研究中心及其前身持续运营全球态度调查项目。2023 年春季，皮尤研究中心通过 10 个题项在 24 个国家测量了中国和美国的国家形象。结果表明，中国和美国都被广泛认为是技术强国。[3] 皮尤研究中心近期的另一项专题调查表明，3/4 的中国香港人对祖国表现出依恋情感。[4] 此外，皮尤研究中心还发布了题为《2023 年的惊人发现》（"Striking Findings from 2023"）的文章，其中的大量数据表明美国人对

---

[1] ［美］戴维·M. 里奇：《美国政治的转变：新华盛顿与智库的兴起》，李刚等译，南京大学出版社 2018 年版。

[2] 冯志刚、张志强：《皮尤研究中心：美国著名民调型智库》，《智库理论与实践》2020 年第 6 期。

[3] Laura Silver, et al., "Comparing Views of the U. S. and China in 24 Countries", Pew Research Center, https://www.pewresearch.org/global/2023/11/06/comparing-views-of-the-us-and-china-in-24-countries/.

[4] Manolo Corichi and Christine Huang, "How people in Hong Kong view mainland China and their own identity", Pew Research Center, https://www.pewresearch.org/short-reads/2023/12/05/how-people-in-hong-kong-view-mainland-china-and-their-own-identity/.

于美国政治的消极态度已达到历史高峰。①

当然，全球范围内的著名民调机构绝不止芝加哥大学国家民意调查中心和皮尤研究中心两家，通过民意调查来研究文化现象也不是美国专家学者的特权。事实上，随着社会科学事业的迅猛发展，包含文化模块的民意调查已经基本覆盖了全球主要国家和地区。世界价值观调查（World Values Survey）②、欧洲社会调查（European Social Survey）③、亚洲晴雨表［亚洲民主动态调查（Asian Barometer Survey）］④、拉美晴雨表（Latinobarómetro）⑤、非洲晴雨表（Afrobarometer）⑥、阿拉伯晴雨表（Arab Barometer）⑦等大型项目已经形成了彼此呼应、互补完善的民意调查网络。但值得注意的是，经本项目课题组研讨并咨询有关专家，我们认为这些调查项目的主办方虽然也发挥了一定的智库功能，但具有更加明显的学术追求与平台性质。因此，这些调查项目暂未被本报告认定为智库。

除了基于代表性抽样的民意调查，不少文化智库还通过其他定性方法与定量方法来研究特定的文化现象与文化议题。譬如，弗吉尼亚大学文化高等研究院起源于"后现代性项目"（the postmodernity project），并在2002年得到皮尤慈善信托基金

---

① Katherine Schaeffer, "Striking findings from 2023", Pew Research Center, https://www.pewresearch.org/short-reads/2023/12/08/striking-findings-from-2023/.

② *World Values Survey*, https://www.worldvaluessurvey.org//.

③ *European Social Survey*, http://www.europeansocialsurvey.org/.

④ 2023 Asian Barometer Survey Conference on "The State of Democracy in the Post-Pandemic Era"-International Conference, https://www.asianbarometer.org//.

⑤ "Inicio", Latinobarómetro, https://www.latinobarometro.org//.

⑥ "The Pan-African Research Network", AFR Barometer, https://www.afrobarometer.org/.

⑦ *Arab Barometer*, https://www.arabbarometer.org//.

会的资助后得以扩展。弗吉尼亚大学文化高等研究院当前的研究领域虽然广泛涉及文化、资本主义与全球变迁、文化与民主、教育、哲学人类学、医学与伦理学、宗教、人类生态学等，但仍然以对后现代性的辨析和反思为底色。在定期出版跨学科刊物《刺猬评论》之外，该智库还推出了《极限与增长：二十世纪全球可持续发展的兴起》等成果。

又如，哈佛大学肯尼迪学院肖伦斯坦媒体、政治和公共政策中心与波利斯（伦敦政治经济学院传媒智库）都聚焦现代社会中的新闻与媒体，特别是新兴技术与社交媒体对信息生态的重塑，但前者更为关注媒体与政治及政策的互动，后者则更为关注传媒行业本身的发展。此外，关注艺术问题的美国艺术协会、关注民间社会与日本地方文化的特定非营利活动法人言论NPO，以及关注区域社会文化的尤索夫伊萨东南亚研究院，都从不同侧面研究和介入了资本主义现代化与后现代化中的文化变迁。特别地，全俄民意研究中心及其前身还见证了从苏联走向俄罗斯的曲折历程，对转型社会中的民众心态开展了一系列重要研究，甚至其本身的几番改制也不失为俄罗斯意识形态与社会文化变迁的缩影。

第三，马克思主义及工人运动的精神遗产。苏东剧变后，世界社会主义运动进入低潮，但马克思主义的精神遗产仍然在全球各地熠熠生辉。类似地，第二次世界大战以来，在美国主导的新自由主义狂飙突进下，社会民主主义思想等左翼文化也仍然不断影响着西方各国的公共政策与民众的社会生活。因此，全球不少文化智库继承并发扬了马克思主义及工人运动的精神遗产，努力通过研究来联结历史文献与社会现实，进而影响公共政策。

安东尼奥·葛兰西是早期西方马克思主义的代表人物，

其精神遗产也仍然指导着当代意大利共产主义政党的理论与实践。① 葛兰西基金会不仅是葛兰西思想的学术重镇，也是贯彻应用葛兰西思想来影响公共政策的重要智库。葛兰西基金会的标志性成果是《国际葛兰西研究丛书》，包含《葛兰西与法国》《阿拉伯世界的葛兰西》《葛兰西在英国》《葛兰西在拉美》等多本重要著作。葛兰西基金会还通过研讨会、展览等多种活动形式在意大利国内外传播葛兰西的精神遗产。

2023年11月，葛兰西基金会研究院主席西尔维奥·彭斯出席由中央党校（国家行政学院）主办的中欧文明交流互鉴论坛。西尔维奥·彭斯在线上作了题为《反思欧盟危机》的主题发言。他指出，虽然欧盟面临不断加剧的民主赤字等危机，但欧盟的存在对避免文明冲突仍然十分关键。②

弗里德里希·艾伯特基金会是德国历史最悠久的政治基金会，也是欧洲最大的工人运动基金会。继承社会民主主义的价值观，弗里德里希·艾伯特基金会认为，当代世界面临剧烈的政治动荡和不断加剧的社会不平等与民粹主义思潮，艺术和文化可以促使人们更好地认识多样性、尊重与宽容，从而改善社会生活。弗里德里希·艾伯特基金会的文化工作目标为：维系德国国家文化基础、传递文化多样性、提供对艺术及文化创作的见解、加强世界文化对话、提供有关文化政策发展和文化政策背景的信息。

基于此，弗里德里希·艾伯特基金会在德国各地广泛举办

---

① 李凯旋：《论意大利共产主义政党的碎片化困境与发展前景》，《马克思主义研究》2016年第9期。

② 《中欧文明交流互鉴论坛观点综述》，2023年11月21日，观察者网，https://www.163.com/dy/article/IK36505G051481US.html。

各类文化政策论坛等研讨会及书展、文化沙龙等活动。① 此外，该智库自 2005 年以来还持续运营反对右翼极端主义项目，通过组织辩论、开办展览、出版成果等方式，努力消解右翼极端主义不良思潮与不良文化。

在国际文化交流方面，弗里德里希·艾伯特基金会也特别重视同中国的合作关系。弗里德里希·艾伯特基金在北京和上海均设有代表处。2022 年 1 月，德国弗里德里希·艾伯特基金会北京代表处首席代表康怀德出席由中共中央对外联络部所属中国国际交流协会主办的第二届文明交流互鉴对话会。康怀德在会上指出，北京冬奥会一定会在推动文化交流方面发挥积极作用。②

加布里埃·佩里基金会与法国共产党及法国左翼文化关系密切，其近期研讨会的主题涵盖了列宁思想③、人道主义移民政策④、巴黎奥运会与工人阶级体育运动史⑤、算法对社会生活的影响⑥、

---

① "Kultur", Friedrich-Ebert-Stiftung, https://www.fes.de/themenportal-geschichte-kultur-medien-netz/kultur?tx_news_pi1%5BcurrentPage%5D=2&cHash=73862b8d29b1211e1c7f249ef72d71da.

② 《第二届文明交流互鉴对话会举行 中外人士表示北京冬奥会将促进文化交流、凝聚团结力量》，2022 年 1 月 10 日，中央广电总台国际在线，https://baijiahao.baidu.com/s?id=1721581086973775877&wfr=spider&for=pc。

③ "À propos de Lénine…", Fondation Gabriel Péri, https://gabrielperi.fr/initiatives/a-propos-de-lenine/.

④ "Quelle politique migratoire pour le 21e siècle? (vidéo)", Fondation Gabriel Péri, https://gabrielperi.fr/initiatives/quelle-politique-migratoire/.

⑤ "Les Rencontres d'histoire critique de Gennevilliers, 8e édition", Fondation Gabriel Péri, https://gabrielperi.fr/partenariats/les-rencontres-dhistoire-critique-de-gennevilliers-8e-edition/.

⑥ Par Silo et la, Fondation Gabriel Péri en partenariat avec Le Vent Se Lève, "L'impact des algorithmes sur nos vies", Fondation Gabriel Péri, https://gabrielperi.fr/les-rencontres-de-la-fondation/limpact-des-algorithmes-sur-nos-vies/.

共产主义媒体与体育传播①等诸多涉及工人运动与左翼文化的议题。

2022年11月，加布里埃·佩里基金会与中共中央党史和文献研究院联合举办第四届中法学者高端论坛。加布里埃·佩里基金会主席阿兰·奥巴迪亚指出，"共产主义政党发展的历史与各自国家的历史紧密相连，中国共产党的独特性与中国的国情和文化密不可分""在当今日益紧张和充满危机的国际形势下，双方研究机构之间的交流与合作对增进法中两国人民之间的相互认识和理解至关重要"。②

第四，中华民族现代文明的守正创新。有史以来，中华文化和中华文明一直是全球文化和全球文明的重要组成部分。"中华民族具有百万年的人类史、一万年的文化史、五千多年的文明史。"③ 中国历朝历代的官方和民间都不缺乏致力于研究文化和文明的个人、团体甚至机构。然而，遵循前文的定义，现代意义上的中国文化智库无疑是非常晚近的新生事物，甚至可以说是中国特色新型智库家族中的"幼子"。在某种程度上，中国特色新型文化智库的"出场"不失为中华民族现代文明守正创新的生动缩影。

当代中国与世界研究院是中国特色新型外宣智库、民调智库的代表，于2017年正式建院，前身为成立于2004年的中国

---

① Karen Bretin-Maffiuletti, Olivier Chovaux, "L'exemple de Miroir du Cyclisme dans les années soixante", Fondation Gabriel Péri, https://gabrielperi.fr/seance/sport-et-communisme/.

② 《中共中央党史和文献研究院与法国加布里埃·佩里基金会联合举办第四届中法学者高端论坛》，2022年11月11日，中共中央党史和文献研究院，https://www.dswxyjy.org.cn/n1/2022/1111/c427134-32564120.html。

③ 习近平：《在文化传承发展座谈会上的讲话》，人民出版社2023年版，第1页。

外文局对外传播研究中心。进入新时代以来，该智库重点开展习近平新时代中国特色社会主义思想国际传播、翻译与对外话语创新、对外传播理论与实践、国际关系、国际舆论、国别与区域传播等方向的研究。该智库持续举办以全球治理、文明对话等为主题的国际智库论坛，定期发布中国国家形象全球调查报告等研究成果。

国家记忆与国际和平研究院是中国特色新型文博智库、地方文化智库的代表，其原名为南京大屠杀史与国际和平研究院，于2016年3月1日在侵华日军南京大屠杀遇难同胞纪念馆挂牌运行。该智库融合历史学、法学、社会学、心理学、政治学、传播学等学科，研究方向包括南京大屠杀史、国家公祭、国际和平文化等，曾推动首部国家公祭地方立法施行。

中国藏学研究中心是中国特色新型涉藏智库的代表，以我国西藏和四川、云南、甘肃、青海四省涉藏州县的历史、现状和未来发展为研究对象。该智库完成了《中华大藏经》藏文对勘、《西藏通史》和《中华大典·藏文卷》编纂等一系列重大科研项目，并持续就涉藏问题进行对外发声和舆论斗争。该中心还是国家高端智库建设培育单位。

中国社会科学院文化研究中心是中国特色新型综合文化智库的代表，研究领域涵盖文化战略和文化政策的各个方面。该智库组织编撰了四类数十本《文化蓝皮书》，完成了大量面向中央、部委、省市的咨政研究任务。

中国新闻出版研究院是中国特色新型出版智库的代表，前身是成立于1985年3月21日的中国出版发行科学研究所。该智库主要开展出版学、编辑学、新闻学等学科研究，同时开展新闻出版标准研究和落实工作。该智库持续20年推出《全国国民阅读状况调研报告》，并于近年推出了《中国出版蓝皮书》《国际出版蓝皮书》《"一带一路"国际出版合作发展报告》《数字出版蓝皮书》《中国阅读蓝皮书》《中国传媒社会责任研究报告》等系列。

中国艺术研究院是中国特色新型文旅智库的代表。该智库在新中国成立初期建立的中国戏曲研究院、中国音乐研究所、中国美术研究所三家学术机构基础上发展而来。该智库完成了《提升国家文化软实力的战略与策略》《国家文化公园建设研究》等一批科研重大课题的实施和推进。该智库还努力推动中国艺术学"三大体系"的建设和发展。

（四）结论与启示

全球文明因交流而精彩，文化智库也因互鉴而丰富。对全球文化智库进行评价研究，归根结底是为中国特色新型文化智库的高质量发展及相关事业的进步探寻经验与借鉴。基于此，结合前文的评价研究结果，我们可以得出如下启示。

第一，要提高站位，自觉从文化和文明而非具体业务的视野来看待文化智库的各项工作。专注媒体、出版、民调、外宣、文博、文旅、文艺、文体等细分领域的文化智库不能各自为政、无序扩张，而要在文化强国和中国特色新型智库建设的整体"版图"下合理分工、密切合作，在政策研究及相关工作中充分聚焦和努力凸显中华文明的连续性、创新性、统一性、包容性与和平性。

第二，要挖掘存量，积极鼓励各类文化相关机构或相关部门在历史积淀的基础上整合优势资源，通过有组织科研进一步发挥咨政建言的智库功能，同时从人才、经费等方面推进体制机制改革。文化相关现象往往表现为持续而复杂的"慢变量""潜变量"，文化研究需要长期的稳定投入，文化智库的建设也需要久久为功，不能追求空中楼阁，也不能片面强调"大干快上"。

第三，要加强宣传，善于抓住传统媒体和社交媒体上的"关键少数"，让文化智库的成果、活动和产品转化为群众喜闻乐见、入脑入心的"新文化"，实现舆论引导和社会服务的双向赋能。文化既不是闭门造车的装饰品，也不是象牙塔里的易碎品，更不是精英独享的奢侈品，文化政策和文化研究必须从群众中来，到群众中去。特别地，应当发挥新型举国体制和新型政党制度优势，由各级宣传主管部门牵头，引导文化智库和官方媒体"结对子"，在内容和渠道上形成充分的话语合力。

第四，要创新方法，努力将深入系统的调查研究与新兴科学技术相结合，进一步探索文化现象的规律，推动相关战略与政策的科学决策。文化现象并不一定直接表现为科学，但一定蕴含相关的自然科学规律和社会科学规律。文化研究的科学化是文化政策科学化的前提，而方法的进步和丰富是文化研究迈向科学的关键一环。文化智库应当以科学的态度对待科学、以真理的精神追求真理、以恰当的方法推进研究，极力避免因主观臆断、道听途说、以偏概全、循环论证而误导决策。

总而言之，没有完全脱离政治的文化，也没有完全脱离文化的政治。全球文化智库是一种文化现象，更是一种政治现象。无论是我们研究文化智库，还是文化智库研究文化政策，都必须准确把握"爱国者"和"学者"两种身份认同，将学术体系、学科体系与话语体系统一起来。①

---

① 秦宣：《正确处理政治话语与学术话语的关系》，《中国青年社会科学》2019年第3期。

六 总结与建议

为应对日益复杂的全球问题与挑战，智库通过提供研究产品、政策建议、论坛平台、合作网络等方式作出了重要的贡献，已经成为全球治理体系中不可或缺的重要参与主体之一。开展全球智库评价正是客观反映智库在全球治理中的实际表现、识别其中的成功经验、推动智库之间学习与合作的重要方式。在前述章节中，课题组从理论、历史与实践层面回顾了国内外智库评价与研究的既有知识基础，进而将智库的知识生产及其对实践活动的影响置于全球治理体系的发展与变革中加以考察，聚焦智库在全球治理中的角色、功能与参与路径，依托第三轮全球智库评价研究项目，针对能源、环境、文化三大领域的全球性重要议题形成智库评价研究专题报告。

随着中国在全球事务中扮演着更为重要的角色，中国智库的活动与影响必将延展至更广阔的范围，也势必将面临全球公共政策与思想市场上的激烈竞争，因而亟须系统总结全球智库发展经验，对标对表检视自身，在守正创新中提升中国智库在全球治理中的参与度和影响力，为解决全球性问题贡献更多中国智慧、中国方案、中国力量。

本部分将进一步结合"全球智库综合评价 AMI 指标体系（2023）"和"需要关注的能源/环境/文化智库"评价研究成

果，基于 AMI 评价模型的基本原理与智库发展规律，从吸引力、管理力、影响力方面深入分析提炼值得借鉴参考的经验做法，并为中国特色新型智库高质量发展提出更具针对性与实操性的建议。

（一）AMI 评价模型的基本原理

评价研究院作为国内唯一一家同时开展全球智库评价和中国智库评价的研究机构，从"国家队"的站位高度出发，始终坚持"以评促建、以评促改"的宗旨和"公平、公正、公开"的原则，旨在更好地发挥"评估评价是智库发展的指挥棒"作用，真正做到"不为排名而评价"，有效推进中国特色新型智库的高质量发展。评价研究院基于"制定标准、组织评价、检查监督、保证质量"的主责主业，积极参与构建中国特色哲学社会科学的评价体系，推进智库评价的体系化建设。

评价研究院自 2014 年首次开展全球智库评价研究以来，在评价过程上，首先，从研究评价客体入手，深度挖掘评价客体的发展规律与趋势特点，客观剖析存在的问题及其成因；其次，结合评价客体的实际情况，有针对性地研制智库评价指标体系，如针对全球智库研制"全球智库综合评价 AMI 指标体系"、针对国家高端智库研制"国家高端智库综合评价指标体系"等；最后，基于评价指标体系设计相应的调研问卷，开展数据采集、统计加工及打分，并最终生成评价结果及相应的分析研究报告。

评价研究院坚持评价指标体系研制先行，以国家标准《人文社会科学智库评价指标体系》（GB/T 40106—2021）为根基，以"全球智库综合评价 AMI 指标体系"和"中国智库综合评价 AMI 指标体系"为干，以"国家高端智库综合评价指标体系"为冠，以

"咨政成果""学术成果""智库人才"分类评价指标及智库的五大功能与内部治理等特色指标为枝，不断发展壮大形成"智库综合评价指标体系"这一枝繁叶茂的参天大树，有力推进智库评价自主知识体系的构建。"AMI评价模型"正是流淌于智库综合评价指标体系血脉中的生命之源。

"AMI评价模型"从吸引力（A：Attractive Power）、管理力（M：Management Power）、影响力（I：Impact Power）三个维度可针对不同的评价客体进行指标组配，构建契合智库工作流程的评价指标体系；依据不同的评价目的进行权重设计，构建切实发挥"以评促建""以评促改"指挥棒作用的评价指标体系；注重定性评价指标与定量评价指标相结合，构建符合智库工作特性的综合评价指标体系；建立指标间关联性，利用多个关联指标项计算比例分值并采取分档计分，构建兼顾单项指标重要性与全部指标系统性的评价指标体系；力求在综合考虑不同类型智库特殊性的前提下，构建兼顾整体通用性与个体差异性，且具有可操作性和可验证性的科学合理的智库综合评价指标体系。

从评价实践的角度而言，以第三轮全球智库评价研究项目为例，课题组首先运用"AMI评价模型"构建了"全球智库综合评价AMI指标体系（2023）"，在总体框架之下，进一步发挥指标体系的模块化适配功能，针对评价客体——全球能源智库、全球环境智库和全球文化智库进行指标组配，并结合三类智库的特色相应调整权重赋分，完成全球能源智库、全球环境智库和全球文化智库的分类评价指标体系，并运用该评价指标体系最终遴选出"需要关注的能源/环境/文化智库"。虽然各类评价指标体系的具体侧重点有所不同，但基于"AMI评价模型"构建的"AMI指标体系"的逻辑原理是一脉相承、贯穿始终的。

总结多年的研究与实践，我们认为，创建并运营一个智库，首先要对智库进行投入，换言之，智库要具有"吸引力"，即对外界的吸引能力，智库凭借自身声誉吸引力和环境吸引力形成的人才吸引力和资金吸引力；其次，优秀的智库不仅要能聚集优质的资源，更要必备优质的运营，即智库要具有"管理力"，依据"7S 理论"强化智库的内部治理能力；再次，优化吸引、强化管理、保值增值之下，势必助推智库对外释放"影响力"，即智库展现的政策影响力、学术影响力、社会影响力和国际影响力；最后，AMI 三力相互作用、有机融合，影响力变大会反哺吸引力，管理力的提升依赖吸引力的加大，更会促进影响力的提高。AMI 各级各项指标连贯一体，要素之间具有相互联动的传导性，进而形成有机循环的良性互促。需要强调的是，AMI 评价指标体系以智库成果质量和实际贡献为核心指引，同时明确设置负面指标，对于存在政治导向问题、学术不端问题、意识形态问题等的情况，采取一票否决。

中国的智库评价工作相对而言起步晚、发展快，实践先行并推动了理论研究。评价研究院致力于大力推进智库评价的自主知识体系建设，源于实践、指导实践。如上所述，在智库综合评价指标体系中，AMI 三力是相互促进的，各级指标也是环环相扣的。下面，我们从"全球智库综合评价 AMI 指标体系（2023）"的四级 82 个指标中选取具体指标，结合"需要关注的能源/环境/文化智库"的具体案例进一步加以分析并尝试从中总结借鉴之策。

（二）基于 AMI 评价模型的全球智库发展经验探寻

在吸引力方面，全球智库综合评价 AMI 指标体系强调数据库作为环境吸引力指标的重要组成部分，包含自建数据库和外购数据库等具体指标。换言之，我们既鼓励智库从官方部门、媒体机构、数据服务商甚至其他智库及研究机构购买成熟的通用数据库或定制数据库，也鼓励智库基于自身的研究领域、研究目的、研究特长，设计、研发、采集、运维具有原创性和主体性的自建数据库。相对而言，外购数据库已然成为科学研究领域的一般流通物，自建数据库则是为智库注入核心竞争力的战略资源。此外，值得注意的是，我们所言的数据库并不限于完全二维数字化的结构化数据集，也包括各类影音图像文字资料特别是一手历史档案的集合。

近年来，中国智库对于数据库的重视程度普遍提升。在官方层面，两办《意见》也将"功能完备的信息采集分析系统"列为中国特色新型智库应当具备的条件之一。在长期的调研过程中，我们也在一定程度上发现了智库数据库建设的重复、盲目、低效，以及"名不副实"或"心有余而力不足"等种种问题。特别地，能够明显发现，政府采购信息化项目实施效率低、数据更新滞后。与之相比，自建数据库更具灵活性和时效性。然而，真正拥有完整、成熟自建数据库的智库仍然不在多数。

无可否认，"万事开头难"，智库数据库"从零到一"的初期建设很可能是一个投入大、见效慢、困难多的复杂工程。但在越过一定的数量质量和软件硬件门槛后，智库的数据库建设很可能进入自我强化的正反馈机制。一方面，在积累了一定的核心数据后，智库工作人员在收集整理其他相关资料时会更加经验丰富、目标明确，因此智库数据库建设的效率也很可能不断提升；另一方面，随着自建数据库为智库注入越来越多的吸引力，其他相关资料的拥有者也很可能越发愿意将有关资源向该智库分享和贡献，甚至直接携有关资源加入该智库工作。

当然，数据库并不只是片面地、孤立地服务于智库的吸引力。

譬如，智库管理力中的产出能力的提升往往依赖扎实系统的数据库，否则"无米可炊"的研究人员很难真正"言之有物"。又如，智库管理力中研究方法和创新能力的提升同样依赖智库研究人员对于既有数据和所需数据的清晰认知，否则很有可能因盲目和混乱而事倍功半甚至徒劳无功。再如，在国内外学界和业界，数据库都是智库信得过、用得上、靠得住的关键因素，因此对智库切实发挥影响力至关重要。此外，具有一定共享性质的数据库建设也是智库社会责任的集中体现和提供公共服务的重要途径。

在对"需要关注的能源/环境/文化智库"进行评价研究时，我们也关注到以下智库在数据库方面的一些经验做法，对中国特色新型智库的吸引力建设或有一定参考价值。

在"需要关注的能源智库"中，美国能源信息署作为能源部下辖和管理的官方智库，是美国最重要的能源信息来源。根据法律规定，其数据、分析和预测独立于任何美国政府官员或雇员的批准。美国能源信息署集成了广泛的能源数据收集项目，涵盖了能源生产、消费、价格、储备等多个关键领域。其数据资源也收录了全球各种能源类型的详细信息，包括了电力、石油、天然气、煤炭等主要能源类别在内的大量免费开放的数据。通过开放访问和易于使用的数据平台，美国能源信息署也促进了能源数据的普及和透明化。借助应用程序编程接口及开放数据工具，用户可以轻松访问和获取多种格式的能源数据。除了数据建设，美国能源信息署还定期发布各类能源市场和经济分析报告，包括能源市场趋势的月度短期预测，以及美国和国际能源前景的长期预测等。这些数据和分析不仅为政府、学术界和私营部门提供了智力支持，还被广泛应用于能源政策制定和市场分析。

以美国能源署的天然气数据库为例，该数据库将天然气数据分为生产、消费、采储、运输等类别，通过交互式数据可视化工具和定期发布的报告向用户提供清晰的数据呈现和市场分析，帮助用户理解和利用数据。在数据的收集与处理方面，该数据库通过自动化系统和在线报告机制，实时收集并呈现天然气生产、消费和价格数据，确保数据的全面性和时效性。研究人员还可以通过 API 接口自动化获取数据并集成到自定义应用程序或分析工具中。这种实时更新和灵活的数据访问方式，支持了研究人员对天然气数据的持续分析。美国能源信息署不仅提供数据支持，还提供关于政策变化、市场趋势及其对天然气市场影响的深入分析。对于政策制定者、研究人员和行业专业人士来说，这些分析是制定能源政策、评估政策影响及理解市场动态的重要参考依据。

在"需要关注的环境智库"中，世界资源研究所不仅能够获取和利用丰富的全球数据资源，还能够开发和提供独特的专有数据和分析工具，并与数十家全球合作伙伴合作开发了一系列数据产品，形成交互性开放访问的数据平台，旨在打破数据孤岛、推动透明决策，数据库资源的丰富性、可及性和高质量对其发展具有重要意义。该研究所代表性的数据库包括全球森林观察、资源监测、气候观察、海洋观察、能源机会探索、渡槽、地标等，这些数据库都对应有明确且专业的研究话题、隶属于相关主题的研究项目，在支撑研究所的研究之外，因其公开可及性和操作便捷性吸引了大量的用户，而借助数据库建设和利用的过程还实现了构建合作伙伴关系网络作用。

以全球森林观察数据库为例，该数据库利用卫星数据、先进的计算机算法和云计算能力建立，并深度开发了面向不同利益相关者的公开可用工具，专家群体和非专家群体都可从中获取森林变化动态信息并采取动员行动，全球有超过 400 万人使用该数据库。① 具体应用场景上，《全球森林评估》是该研究所利用全球森林观察数据库中的地理空间数据，形成的追踪全球森林目标进展情况的动态报告；当地执法人员、护林员和社会团体等可以利用"森林守望者"移动应用程序，通过几乎实时的森林数据及时识别和应对威胁；购买和销售诸如棕榈油、大豆等农产品的跨国公司可以利用"全球森林检测专业版"，检测和减少其供应链中的森林砍伐数量；各国政府可以利用"森林地图集"管理森林资源。

在"需要关注的文化智库"中，葛兰西基金会的数据库建设可谓独树一帜。顾名思义，葛兰西基金会以安东尼奥·葛兰西的思想和生平及其现实政策意义为主要研究对象，加之其曾作为意大利共产党文化研究机构的特殊历史，葛兰西基金会保存了世界范围内数量最多、价值最高的葛兰西及意大利共产党的相关历史资料。基于这些一手档案、日记、书信及相关材料，葛兰西基金会对有关历史事件和人物思想的研究结果极具权威性和说服力，其举办的活动也长期吸引全球范围内的大量专家学者热心参与。基于研究人员在史料方面的优势和兴趣，葛兰西基金会还定期出版著名刊物《历史研究》（*Studi Storici*）。

根据其官方网站信息，葛兰西基金会的实体档案馆占地 2175 延米，包含 191 个专题收藏。② 其中，最著名的藏品无疑

---

① "Global Forest Watch", World Resources Institute, https://www.wri.org/initiatives/global-forest-watch.
② "Archivio", Fondazione Gramsci, https://fondazionegramsci.org/archivi/.

是葛兰西的狱中笔记和狱中信件，以及意大利共产党的原始档案。当然，除了上述相关的党务、政治、军事档案，葛兰西基金会还特别收集和保存了大量20世纪意大利知识分子的历史资料。这意味着葛兰西基金会作为智库提供知识服务的对象并不局限于左翼知识分子和政界人士，而是包含了更普遍的历史和文化的受众。

21世纪以来，葛兰西基金会对相关的档案资料进行了大规模的电子化工作。时至今日，葛兰西基金会的绝大部分实体馆藏都向意大利国内外公众开放，而基金会的工作人员还会为在线用户提供协助服务。

在管理力方面，全球智库综合评价AMI指标体系强调研究方法作为技能指标的重要组成部分，包含专业性、科学性、前沿性等具体指标。换言之，我们虽然不强求智库像高校或其他科研机构一样主攻基础理论研究，但同样要求智库研究人员在遵循基本学术规范的前提下掌握与研究对象相适应的研究方法，极力避免智库的研究沦为主观臆断。

具体而言，首先，专业性意味着智库的研究方法符合其所在学科或相关领域的一般共识，也即遵循一定的研究范式并得到专业同行的认可。其次，科学性意味着智库的研究方法是逻辑自洽的，其预期结论也应当是可被检验的。最后，前沿性意味着智库应当清晰认识到既有各类研究方法的优势与不足，同时还要及时、恰当地运用最为先进的理念和技术，以提升研究的效率和效果。

近半个世纪以来，在"因果推断革命"等重要思潮的影响下，国内外社会科学领域的研究生教育都不断强化方法论的培养。随着这些接受系统方法论教育的年轻人走上智库研究工作岗位，国内外智库在研究方法方面的进步都是不容忽视的。2021年，约书亚·安格里斯特（Joshua D. Angrist）、吉多·因本斯（Guido W. Imbens）因对因果分析研究方法的贡献被授予诺贝尔经济学奖，这无疑为包括智库在内的社会科学界对研究方法的进一步重视起到了明显的示范效应。

当然，在普遍重视的大前提下，我们的调研也在一定程度上发现，智库内外的专家学者对于何为好的智库研究方法仍然没有取得共识。其中不仅涉及定量研究与定性研究的经典争论，也涉及建构自主知识体系与吸收外来既有范式的对立统一，还涉及人工智能等新兴技术崛起背景下的调适问题。此外，不可否认，还有部分智库急于拿经费、办活动、出成绩，对于包含研究方法在内的智库管理力的提升等难以考核量化的基础工作仍然投入不足。

事实上，研究方法也并非片面地、孤立地服务于智库的管理力。譬如，在研究方法专业性、科学性、前沿性等方面的声誉同样可以帮助智库吸引到更多、更好的人才、资金和环境资源。又如，研究方法直接关系到成果质量这一智库"生命线"，因此对智库的政策影响力、学术影响力、社会影响力和国际影响力都至关重要。

在对"需要关注的能源/环境/文化智库"进行评价研究时，我们也关注到以下智库在研究方法方面的一些经验做法，对中国特色新型智库的管理力建设或有一定的参考价值。

在"需要关注的能源智库"中，牛津能源研究所以其政策研究的独立性、分析的深入性及多学科融合而闻名于世。该研究所主要涉及能源转型、天然气、电力、石油及中国能源五个研究项目，其对全球能源经济的生产、消费、市场、政策、法规和能源转型等热点能源问题有着独特的分析。作为一家能源领域的专业智库，牛津能源研究所不受政府或私营部门特定利益的影响，这使其能够进行客观、理性的研究。除了对当前能源问题进行广泛的前沿研究外，该研究所还致力于通过消费者与生产商、政府与行业、学者与决策者之间的对话来探索各种能源相关问题。

牛津能源研究所在研究方法上注重多元主义及跨学科性，这些特点尤其值得借鉴。就研究方法上的多元主义而言，牛津能源研究所的研究成果既依托定性的描述性分析，也借助回归分析等多种定量研究方法，还充分使用多种模型。这些多元方法的使用有效地促进了分析结果的交叉互证。就研究方法的跨学科性而言，牛津能源研究所的团队来自不同的国家、具有不同的学术和专业背景。以其天然气研究项目为例，其研究小组由学术界、工业界和新闻界的独立专家组成，这些专家具有经济学、管理学、政治学、能源工程等多元的学科背景。该小组每年召开两次会议，讨论拟议的研究项目，提供进展报告，并讨论热门问题。其天然气研究主要由项目工作人员进行，同时每年举办一次"天然气日"，委托来自广泛国家和不同背景的专家就热点事件进行辩论。这些跨学科的交流及在此基础之上的研究有助于对国际能源市场中运作的各种经济力量、代理人和政策制定者的行为、动机和目标实现更清晰的认知。

在"需要关注的环境智库"中，波茨坦气候影响研究所在研究方法专业性、科学性、前沿性方面的实践值得参考。该研究所主要采用跨学科、综合复杂系统分析、数据整合和数值模拟等研究方法，其所有研究的核心工具是软件、数据、建模，由研究所科学家委员会制定"科学建模战略"，覆盖三大主要领域，即改进对自然和社会经济系统的理解、提供未来情景和路径、为决策提供信息。该研究所坚持高标准的科学实践，遵循莱布尼茨协会的《开放科学宣言》，通过开放源代码战略、开放科学活动，制定详细的软件和模型开发指南等措施，这些标准涵盖软件、数据和模型的责任、可持续性、实施、文档和推广等主题，妥善归档所有支撑已发表论文的数据和软件也是该研究所出版工作流程的必要环节，以确保科学研究的透明度、可重复性和科研诚信。[①] 在开展探索性、前沿性、跨学科的研究方面，该研究所在原有的研究部门划分基础上另设有八个未来实验室，由不同部门人员共同参与并提倡同德国内外大学等机构合作，研究主题包括安全、种族冲突与移民，公共经济与气候金融，博弈论、网络分析与全球风险应对，包容性财富治理与可持续发展，人工智能与人类世等。[②]

更重要的是，波茨坦气候变化影响研究所建立相应的协调管理与共享机制，以推动与研究方法相关战略和原则的落实。该研究所在其内部专门成立了"软件、数据和建模委员会"，每个工作组和未来实验室都在委员会中有一名代表，信息技术部门和科学协调部门也派人员参加。该委员会的职责包括科学软件开发、科学数据管理及模型开发运行的技术方面事宜，制定最佳实践指南和辅助研究者实现最佳实践的动态清单，对内推动与协调各研究小组已有具体实践和经验的共享，对外确保研究所开源和开放科学活动的可见度。

[①] "Software, Data & Models", Potsdam Institute for Climate Impact Research, https://www.pik-potsdam.de/en/output/software-data-models.
[②] "Futurelabs", Potsdam Institute for Climate Impact Research, https://www.pik-potsdam.de/en/institute/futurelabs.

在"需要关注的文化智库"中,芝加哥大学国家民意调查中心在研究方法方面颇具特色。20世纪40年代初,虽然美国的社会科学研究已然深受科学主义的影响并在世界范围内占据了领先地位,但对于研究方法的探索创新和教育培养并不系统成熟。特别地,虽然统计调查在商业领域的应用不断铺开,但并未获得高校和科研机构的足够重视。事实上,当时的美国与其他国家一样,几乎不具备真正有组织、成规模、周期性的全国民意调查条件。基于此,美国著名民意调查专家哈里·菲尔德(Harry H. Field)创建了非营利、学术性的"国家民意研究中心"(National Opinion Research Center)。成立伊始,该中心就于第二次世界大战期间在民众心态方面给予了美国政府大量的有效信息。更为重要的是,正是在该中心的推动下,基于概率抽样的调查统计才真正成为美国乃至全球社会科学领域的核心研究方法之一。

1947年,该中心迁至芝加哥大学并更为现名,进而成功借力芝加哥大学的资源与人才实现自身的升级壮大。1972年,该中心开始在美国国家科学基金会的资助下开展综合社会调查。如前文所言,该系列调查不仅对美国官方和学界产生了巨大影响,还掀起了全球范围内大量国家借鉴开展综合社会调查的热潮。但值得注意的是,与部分学者的认知不同,该中心并非单纯的数据供应者,在问卷设计、抽样执行、权重调整、数据分析、结果解读、可视化呈现、实验研究等方法论及相关问题层面,也投入了大量的人力、物力,并取得了诸多学界认可的成绩。[①] 特别地,该中心下设专门的创新部门"NORC实验室"(NORC Labs),持续支持研究人员在新兴技术和方法、数据资

---

① 参见"Research Design & Methodology", NORC at the University of Chicago, https://www.norc.org/services-solutions/design-and-methodology.html; Gss Data Explorer, https://gssdataexplorer.norc.org/。

源使用、数据质量控制等方面的研究创新。①

在影响力方面,全球智库综合评价 AMI 指标体系强调国际网络作为国际影响力指标的重要组成部分,包含国外分支机构、网络链接等具体指标。换言之,我们认为,智库不仅需要在研究工作中对国外同行"知己知彼"并加强项目与成果方面的交流合作,有条件的还应当直接"入局"其他国家,建立实体化的、接地气的国外分支机构,并与所在国的同行及相关机构保持常态化、实质性的联系,甚至寻求直接影响所在国的公共政策。

当然,设置国际网络这一指标并不意味着我们强求所有智库都需要追求全球层面的国际影响力。相反,在日益复杂多变的国际政治体系和地缘政治环境下,针对区域、周边,甚至少数或单一重要国家的智库国际网络建设同样是值得高度肯定的。

必须承认,相对于上文提及的数据库和研究方法,大量的国内外智库还未能在国际网络方面实现高质量发展。特别地,在很大程度上,国外分支机构是智库雄厚财力和庞大规模的重要表征,相关建设工作也时常让中小规模的智库心生向往但又望而却步。就国内情况而言,目前仅有中国社会科学院、中国南海研究院等极少数智库真正设立了国外分支机构。其中,2017 年 4 月,中国—中东欧研究院在匈牙利首都布达佩斯正式成立,这既是中国首家在欧洲独立注册的智库,也是中国社会科学院的第一个海外分支机构。

概而言之,在国际网络建设上,中国特色新型智库起步晚、

---

① "NORC Labs", NORC at the University of Chicago, https://www.norc.org/about/departments/norc-labs.html.

积累少、困难多，更需要进一步了解国外重要智库的相关工作。

在对"需要关注的能源/环境/文化智库"进行评价研究时，我们也关注到以下智库在国际网络方面的一些经验做法，对中国特色新型智库的影响力建设或有一定的参考价值。

在"需要关注的能源智库"中，世界能源理事会作为历史最悠久的全球性能源组织，通过国际合作和建立网络来推动全球能源的可持续供应和使用。该机构致力于促进各国之间能源政策和技术交流，推动可再生能源的发展。其定期举办的世界能源大会为各国政府、能源行业和学术界提供了一个重要的平台。自1924年第一届世界能源大会以来，世界能源理事会一直在召集全球能源领导人进行建设性和合作性对话。在会议中，成员国可以分享最新的能源政策经验和技术创新，共同探讨应对全球能源挑战的策略和解决方案。目前，该机构试图帮助120多个国家能源政策的制定。这种国际合作不仅加强了各国在能源战略上的协调与一致性，还促进了全球能源市场的稳定与可预见性。

世界能源理事会通过建立广泛的国际网络，涵盖了政府部门、学术机构、能源公司及非政府组织等多种参与者，进一步增强了其影响力和专业性。其构建的以成员为基础的全球能源网络涵盖了3000多个成员组织，在全球近100个国家设立了办事处，进而为成员国提供了一个分享实践经验和解决共同挑战的平台。[①] 其成员委员会推动地方、国家和区域层面共同行动，将政府、工业、金融和民间社会的决策者聚集在一起，共同制定能源议程。世界能源理事会的独立性与非政治性也使其能在从政府到企业、学术界及民间社会的整个能源生态

---

① "Members", World Energy Council, https://www.worldenergy.org/world-energy-community/members.

系统中工作，不分国家、行业、地区、资源或技术，在能源领域开展工作并提供支持。世界能源理事会构建了一个深度本地化且与全球紧密联系的能源社区，不仅加强了全球能源治理的有效性，也为解决全球能源挑战提供了重要的思路和实际行动支持。

在"需要关注的环境智库"中，斯德哥尔摩环境研究所较早开始探索在全球范围建立区域中心，以确保其研究能够扎根于当地和区域的现实情况，准确地回应议题并创造在该区域长期参与的机会，从而能够更精准地发挥其国际影响力。该研究所在全球不同区域设立中心的目标是为区域性政策讨论增值，并成为值得信赖的区域合作伙伴。

除了前文第四章中已经突出强调的不同中心因地制宜选定议题开展研究与行动，各中心在创设、运营及同总部关系方面也有不同的模式。一种模式是同当地机构签订长期协议合作共建，如位于泰国曼谷的亚洲中心隶属于泰国朱拉隆功大学；约克中心同英国约克大学合作；非洲中心2008年8月至2013年6月一直设在坦桑尼亚达累斯萨拉姆大学资源评估研究所，2013年7月起由世界农林业中心主办，设在肯尼亚内罗毕。另一种模式是实现在当地的正式注册运营，如塔林中心同时又名爱沙尼亚可持续发展研究所，是在爱沙尼亚注册的独立非营利基金会；美国中心"斯德哥尔摩环境研究所美国"则是在马萨诸塞州注册的501c3非营利组织。①

在"需要关注的文化智库"中，弗里德里希·艾伯特基金会

---

① "Governance", SEI, https://www.sei.org/about-sei/governance/.

在国际网络方面成效不俗。官方网站显示，该基金会在2022年时有1571名工作人员、18个国内分支机构和104个国外分支机构。①

从信息流动的视角来看，弗里德里希·艾伯特基金会国外分支的功能是双向的。一方面，国外分支机构会实时向基金会总部报告所在国的高层动向、经济发展、舆情民意等各方面的重要信息，以及基于这些信息的分析研判与政策评估；另一方面，国外分支机构会在基金会总部的授权下广泛参加各类政、商、学界活动，进而向不同受众推广其研究成果、宣扬其价值理念。特别地，该基金会在中国北京和上海均设立了分支机构，其工作人员也经常参加中国智库及相关机构举办的学术会议和其他活动，还积极在各类媒体上发声。譬如，2021年，弗里德里希·艾伯特基金会时任驻华代表康怀德在参加中国智库举办的活动时表示，智库需要在倾向性、价值观、资金来源、独立性、公信力等方面寻求"一个微妙的平衡"②，这不失为该基金会对于自己定位和理念的官方宣言。

总之，"智库"是一个充满生命力的有机体，在智库评价中，要统筹智库的发展要素与各项功能，"AMI指标体系"能从多维度切入智库运行的各个环节，从宏观、中观和微观不同层面对智库的内在机制与运行方式、工作特点与发展规律等展开多层面的分析与研究，以智库评价推动打造"智库体"的均衡可持续高质量发展。

---

① "Über die FES", Friedrich Ebert Stiftung, https://www.fes.de/stiftung/ueber-die-fes.
② 《康怀德：智库的独立性和公信力》，2021年12月7日，全球化智库，http://www.ccg.org.cn/archives/67609。

（三）对中国特色新型智库建设的对策建议

基于本项目对全球智库的评价研究，结合机构与智库评价研究的相关工作积累，我们认为，中国特色新型智库的高质量发展需要遵循由"顶层设计"逐步落实为"底层逻辑"的"四层金字塔原则"。

首先，必须旗帜鲜明讲政治，坚决维护国家安全。社会科学始终具有鲜明的意识形态色彩，各国智库归根结底都要为国家所需服务。必须说明的是，我们对全球智库展开评价研究，特别是遴选出需要关注的能源、环境、文化智库，并不意味着完全认同这些智库的价值理念及其背后的意识形态。我们希望强调的是，在全球发展倡议、全球安全倡议、全球文明倡议的原则框架下，在全人类共同价值的"最大公约数"下，各国智库也一定能努力寻找到"求同存异""美美与共"的共同价值基础。

中国特色新型智库是党和政府科学民主依法决策的重要支撑、国家治理体系和治理能力现代化的重要内容、国家软实力的重要组成部分。中国特色新型智库建设必须提高政治站位，必须坚持为党和国家咨政建言、为人民做学问，必须极力避免如某些西方智库一样沦为"知识掮客"。[1] 特别地，中国特色新型智库在与国外同行和相关机构接触交流时，一定要激浊扬清、去伪存真，敢于斗争、善于斗争，时刻防范西方话语陷阱，积极应对反华舆论攻击，切实维护国家安全特别是政治安全。

其次，应当始终坚守成果质量的生命线。我们鼓励智库寻

---

[1] 陆屹洲：《政治极化与知识精英的信任危机——基于特朗普执政时期美国智库民意基础的研究》，《中央社会主义学院学报》2024年第3期。

求和提升政策影响力、学术影响力、社会影响力和国际影响力，但这些影响力并不完全是智库价值理念的自然延伸，而必须以扎实的成果为支撑。因此，我们并不希望智库成为"会议库""活动库""倡议库"甚至"游说库"。放眼全球，响亮的口号来来去去，唯有高质量的成果才能让智库经受住时间考验。

当然，智库产出的成果是多元化的。特别地，学术研究和智库研究既有区别又有联系。① 就中国特色新型智库而言，我们认为，咨政建言成果直接显现了智库的智力产出，学术成果体现了智库的研究基础，应当在同时给予重视的基础上开展分类评价。对于不同类型的成果，智库建设方也应当分门别类地切实做好目标管理和过程规划。

再次，应当以有组织科研推进自主知识体系建构。高度的组织性，特别是以解决重大现实问题为目标的集体攻关体制是智库区别于其他科研机构的显著特征。无论是"项目制"还是"工作组"，又或者是工作人员的定期轮岗和办公场所的集中配置，全球主要国家重要智库的制度建设在很多方面都是组织先于个人的，新型举国体制背景下的中国特色新型智库更不应当有例外。

当然，有组织科研并不强求智库规模大、人数多，而是强调智库研究的问题导向、分工配合与体制保障。更为重要的是，有组织科研本身只是手段而非目的，其资源投入和体制设计都应当围绕自主知识体系建构这一核心目标展开。一方面，中国特色新型智库应当扎根于中国式现代化进程中的重大现实问题，提出具有原创性、主体性的解释理论与解决方案，坚决反对"照搬照抄"和"人云亦云"；另一方面，中国特色新型智库也不应回避全人类共同面临的重大风险挑战，应当努力为国际社

---

① 荆林波：《学术研究与智库研究的异同》，《中国社会科学报》2024年5月28日。

会贡献中国经验和中国智慧。

最后，应当勇于创新、敢于革新、善于融入历史大势和时代大潮。

其一，明确路线图，进一步推动国际化建设纵深发展。在全球化与逆全球化反复拉锯的十字路口，中国始终站在历史正确的一边，站在人类进步的一边。无论是对国外情况进行研究，还是与国外同行开展交流，中国特色新型智库"走出去""请进来"的力度只会越来越大，绝无可能开历史的倒车。在过去，我们较为强调提升区域国别研究能力和建设多语种专业研究团队等基础工作，有部分中国智库已经实现预期目标，也有部分智库仍然浮在表面、流于形式，需要抓紧补课、迎头赶上。在新的历史阶段，中国特色新型智库的国际化应当是资源、人才、项目、成果、活动、网络的高标准、全方位、实效性的国际化，唯有如此才能真正实现各智库机构的国际影响力和中国特色新型智库的国际话语权。

其二，紧扣任务表，进一步推动信息化建设见行见效。在信息爆炸而注意力稀缺的当下，智库需要认识世界，也需要让世界认识自己。倘若自身都没有能见度，特别是网络空间的能见度，又何谈为舆论引导和公共外交作贡献。在过去，我们较为强调智库的门户网站、社交媒体建设，但对于智库信息化覆盖面、活跃度、投入产出比的要求不够严格。甚至部分智库在信息化项目上"抢着建""躲着管"，部分网络平台沦为僵尸平台。在新的历史阶段，中国特色新型智库的信息化建设必须以实质能见度和受众满意度为核心任务目标，严格落实"花钱必问效，无效必问责"。

其三，对齐科技树，进一步推动智能化建设落地走实。大数据、云计算、仿真实验、人工智能极大地提高了人类收集资料、处理信息的效率，也很有希望将智库研究人员从重复、烦琐、初级的形式化工作中解放出来，专注进行实质内容的研究创新。在过去，我们较为强调智库以积极开放的心态努力学习和尝试应用新兴科技，在一定程度上忽视了智库对科技的消化吸收情况和科技对智库的实际提升效果，甚至新兴科技成为部分智库"赶时髦""装门面"的形象工程。在新的历史阶段，应当鼓励引导更多智库和更多哲学社会科学工作者真正深入理解新兴科技的基本原理和应用场景，同时整合资源、去粗存精，真正开发利用好自动化舆情监测、咨政报告写作大模型等定制化智库科技产品。

《中共中央关于进一步全面深化改革　推进中国式现代化的决定》指出，要"走好新时代党的群众路线，把社会期盼、群众智慧、专家意见、基层经验充分吸收到改革设计中来"。① 建设中国特色新型智库，是以习近平同志为核心的党中央立足党和国家事业发展全局作出的重要部署，是全面深化改革的重要举措，是从社会各界汇智聚力的重要支撑。从本轮全球智库评价研究的过程和结果中不难发现，智库的建设、管理与评价既非千篇一律，更非一成不变，但仍然存在值得遵循的情境化、模块化的基本规律，特别是面对共性瓶颈的破题思路与解决方法。因此，中国特色新型智库的建设方、管理方和评价方和其他相关方都需要尊重科学、实事求是，与时俱进、守正创新，不断加强理论研究，贯彻国家标准，凝聚评价共识，形成发展合力。

---

① 《中共中央关于进一步全面深化改革　推进中国式现代化的决定》，2024 年 7 月 21 日，中国政府网，https://www.gov.cn/zhengce/202407/content_6963770.htm?sid_for_share=80113_2。

荆林波，中国社会科学评价研究院院长、二级研究员。享受国务院政府特殊津贴专家，21世纪"百千万人才工程"国家级人选，并且获得"有突出贡献中青年专家"荣誉称号。国家标准委员会委员，商务部现代供应链委员会委员，八部委特聘电子商务专家等。曾经荣获孙冶方经济科学奖、万典武商业经济学奖、商务部优秀成果一等奖、中国社会科学院优秀成果奖、全国首届信息化优秀成果奖、中国商业联合会科技进步奖一等奖，以及中国市场学会、中国物流学会、中国信息学会、中国国际贸易经济学会、中国商业经济学会、中国社会科学情报学会等多个学术组织和行业组织的奖励。曾参加中央经济工作会议文件及总理工作报告等起草工作。承担多个部委的委托课题。

胡薇，中国社会科学评价研究院机构与智库评价研究室主任、研究员，日本法学博士，金融学博士后，中华日本学会理事，全国日本经济学会理事，欧美同学会（中国留学人员联谊会）建言献策工作委员会委员，留日分会理事、副秘书长及青年委员会主任。研究领域包括机构与智库评价研究、智库建设国际比较研究等。曾主持完成国家社会科学基金、国家高端智库重点研究课题等多个国家级、省部级研究项目，参与研制国家标准《人文社会科学智库评价指标体系》（GB/T40106—2021），出版独著《日本智库研究：经验与借鉴》并参与撰写多部学术著作。